城市轨道交通车辆制动技术

上海工程技术大学　殳企平　编著

图书在版编目（CIP）数据

城市轨道交通车辆制动技术/殳企平编著. —北京：知识产权出版社，2011.8（2018.10重印）
ISBN 978-7-5130-0658-3

Ⅰ.①城… Ⅱ.①殳… Ⅲ.①城市铁路—铁路车辆—车辆制动 Ⅳ.①U239.5

中国版本图书馆 CIP 数据核字（2011）第 128283 号

内容提要

本书以城市轨道交通车辆为对象，从基本概念和基础理论入手，由浅入深地介绍了城市轨道交通车辆制动系统的历史沿革、主要功能和组成部分以及主要零部件的功能和结构，特别是当前我国各大城市地铁车辆正在使用的各种制动系统；完整地介绍了城市轨道交通车辆的动力制动系统、空气制动系统等，其中详尽介绍了空气制动系统的供气系统、中央控制单元和基础制动装置等；并对车辆制动系统的维修工艺和设备作了简单介绍，力求理论联系实际，使读者能够掌握城市轨道交通车辆制动技术的基础理论和实践精髓。

本书可作为高等院校城市轨道交通车辆专业课程的教学用书，也可作为从事城市轨道交通车辆运营和维修的工程技术人员的参考书。

责任编辑：段红梅 张 冰

城市轨道交通车辆制动技术
上海工程技术大学 殳企平 编著

出版发行	知识产权出版社 有限责任公司		网　　址	http://www.ipph.cn
社　　址	北京市海淀区气象路50号院		邮　　编	100081
责编电话	010-82000860 转 8024		责编邮箱	zhangbing@cnipr.com
发行电话	010-82000860 转 8101/8102		发行传真	010-82000893/82005070/82000270
印　　刷	三河市国英印务有限公司		经　　销	各大网上书店、新华书店及相关专业书店
开　　本	787mm×1092mm　1/16		印　　张	8.25
版　　次	2011年7月第1版		印　　次	2018年10月第4次印刷
字　　数	196 千字		印　　数	9001～10000 册
定　　价	18.00 元			

ISBN 978-7-5130-0658-3/U·013（3557）

出版权专有　侵权必究
如有印装质量问题，本社负责调换。

前　言

当前我国城市轨道交通正处于飞速发展的大好时机，地铁、轻轨、单轨和磁悬浮等各种城市轨道交通系统如雨后春笋般在全国各大城市出现，因此急需建设、运营和维修方面的人才。由于城市轨道交通在我国还是个新生事物，经验积累较少，目前关于城市轨道交通车辆技术方面的专门教材甚少，不能满足教育和培训的需求。本书的编写目的就是试图填补这方面的空缺。

本书稿曾作为教材和培训讲义在上海工程技术大学轨道交通学院和上海地铁运营有限公司培训中心试用，此次作了较大幅度的修改，并增加了大量有关制动领域的最新技术，如 EP2002 制动系统等。本书以城市轨道交通车辆为研究对象，从基本概念和基础理论入手，讲述了轨道车辆制动技术发展的历史沿革、制动系统的组成及主要零部件的功能和结构，以及当前我国各大城市轨道交通车辆正在使用的各种制动系统；此外，还对车辆制动系统的维修工艺和设备作了简单介绍。本书力求理论联系实际，使读者能掌握制动技术的基础理论和实践精髓。

本书可作为高等院校城市轨道交通车辆专业课程的教学用书，也可作为从事城市轨道交通车辆运营和维修的工程技术人员的参考书。

本书在编写过程中，得到了上海地铁运营有限公司车辆分公司技术部和资料室等单位在技术资料方面的支持，在此表示衷心的感谢。

作　者

2009 年 3 月

目 录

前言

第一章 概论	1
第一节 制动的基本概念	1
第二节 城市轨道交通车辆制动系统的历史沿革	2
第三节 现代城市轨道交通车辆制动系统的主要功能和组成部分	4
第二章 制动的基础理论	5
第一节 轮轨关系和制动力	5
第二节 制动载荷分析	9
第三章 动力制动和电磁制动	12
第一节 动力制动的必要性、基本原理及其基本要求	12
第二节 再生制动电路	13
第三节 电阻制动电路	16
第四节 电磁制动	17
第四章 供气系统	20
第一节 空气压缩机组	20
第二节 空气干燥器	22
第三节 风缸及其他空气管路部件	24
第五章 制动控制系统	29
第一节 制动控制系统的组成	29
第二节 制动控制策略	33
第六章 基础制动装置	36
第一节 单元制动机	36
第二节 闸瓦	39
第三节 盘式制动	43
第七章 防滑原理和防滑控制	45
第一节 防滑控制的必要性	45

第二节　防滑控制技术的发展 …………………………………………………… 46
　　第三节　防滑控制的机理分析 …………………………………………………… 46
　　第四节　防滑控制系统 …………………………………………………………… 50

第八章　轨道车辆的制动计算 …………………………………………………… 58
　　第一节　制动时电动车组的减速力 ……………………………………………… 58
　　第二节　制动距离计算 …………………………………………………………… 63

第九章　SD 型数字式电气指令制动控制系统 …………………………………… 66
　　第一节　基本原理和特点 ………………………………………………………… 66
　　第二节　系统组成 ………………………………………………………………… 67
　　第三节　制动原理和过程 ………………………………………………………… 78

第十章　KBGM 模拟式电气指令制动系统 ……………………………………… 82
　　第一节　列车制动参数 …………………………………………………………… 82
　　第二节　空气制动系统组成 ……………………………………………………… 82
　　第三节　空气制动系统作用原理 ………………………………………………… 87

第十一章　KBWB 模拟式电气指令制动系统 …………………………………… 89
　　第一节　概述 ……………………………………………………………………… 89
　　第二节　空气制动系统构成 ……………………………………………………… 90
　　第三节　列车制动力分配 ………………………………………………………… 98
　　第四节　制动控制过程 …………………………………………………………… 99
　　第五节　KBWB 模拟式电气指令制动系统的特点 …………………………… 102

第十二章　EP2002 制动系统 ……………………………………………………… 103
　　第一节　概述 ……………………………………………………………………… 103
　　第二节　EP2002 阀 ……………………………………………………………… 104
　　第三节　EP2002 制动系统网络结构 …………………………………………… 108
　　第四节　EP2002 制动系统的控制过程和作用原理 …………………………… 110
　　第五节　EP2002 制动系统的优缺点 …………………………………………… 112

第十三章　制动系统检修工艺和设备 …………………………………………… 114
　　第一节　制动系统检修工艺 ……………………………………………………… 114
　　第二节　制动系统维修设备 ……………………………………………………… 119

参考文献 ……………………………………………………………………………… 123

第一章 概 论

第一节 制动的基本概念

人为地使运动物体减速或阻止其加速称为制动。对于城市轨道交通车辆来说，为了使运行中的列车能迅速地减速或停车，必须对它施行制动；为了防止列车在下坡道时由于列车的重力作用导致列车速度增加，也需要对它施行制动；即使列车已经停车，为避免停放的列车因重力作用或风力吹动而溜车，还需要对它施行制动（又称为停放制动）。反之，对已经施行了制动的列车，为了重新启动或再次加速，必须解除或减弱其制动作用，这种做法称为制动的缓解。

一、列车制动系统

为了能施行制动或缓解制动，需要在列车上安装由一整套零部件组成的一个完整的制动装置，总称为"列车制动装置"。在铁路上，它分成"机车制动装置"和"车辆（客车、货车）制动装置"。由于城市轨道交通车辆与铁路车辆的编组形式不同，一般都采用动力分散型的动车组形式，所以它分为"动车制动装置"和"拖车制动装置"。无论机车、客车、货车还是动车、拖车，各种车都有它自己的制动装置，起着制动和缓解的作用。只有机车不同，它还具有操纵全列车的制动的功能。城市轨道车辆也有操纵全列车制动功能的设备，它一般安装在列车两端的带司机室的头车上，而头车既可以是拖车也可以是动车。

由制动装置产生的，与列车运行方向相反的外力，称为"制动力"。这是人为的阻力，它比列车在运行中由于各种自然原因产生的阻力要大得多。因此，尽管在列车制动减速的过程中，列车运行阻力（自然阻力）也在起作用，但起主要作用的还是列车制动力（人为阻力）。

一套列车制动装置至少包括两个部分，即制动控制部分和制动执行部分。制动控制部分由制动信号发生与传输装置以及制动控制装置组成；制动执行部分通常称为基础制动装置，包括闸瓦制动与盘式制动等不同方式。

过去由于列车上安装的制动装置比较简单、直观，而且用压缩空气传递制动信号，因此我们称其为一套列车制动装置。但是随着轨道交通技术的发展，制动装置中越来越多地采用了电气信号和电气驱动设备。微机和电子设备的出现使制动装置变得无触点化和集成化，并且使制动控制功能融入了其他电路而不能独立划分。因此，我们只能按现代方法将具有制动功能的电子线路、电气线路和气动控制部分归结为一个系统，统称为列车制动系统。

二、常用制动和紧急制动

列车制动在操纵上按用途可分为两种，即常用制动和紧急制动。常用制动是指在正常情况下为调节或控制列车速度，包括进站停车所施行的制动。它的特点是：作用比较缓和，制动力可以调节，通常只用列车制动能力的 20%～80%，多数情况下只用 50% 左右。而紧急制动是一种"非常制动"，是在紧急情况下为使列车尽可能快地停车而施行的一种制动。它的特点是：作用比较迅猛，而且要把列车全部制动能力都用上。目前，在城市轨道交通车辆上还采用一种快速制动，它基本上与紧急制动相当，但是紧急制动是不可自动恢复的，必须停车后人工恢复，而快速制动是可以恢复的。

从司机施行制动（将司机控制手柄推拉至制动位）的瞬间起，到列车速度降为零的瞬间止，列车在这段时间内所驶过的距离，称为列车"制动距离"。这是综合反映列车制动装置性能和实际制动效果的主要技术指标。有的国家不用制动距离而用（平均）减速度作为其主要技术指标，其实两者的实质是一样的，只是制动距离较为具体，而减速度较为抽象而已。

城市轨道车辆的启动和以一定速度运行，要通过对其施加牵引。同样，为了使运行的车辆能够迅速地减速、停车，也必须对其施加制动。牵引和制动是车辆运行的一对矛盾的两个方面，缺一不可。仅有牵引而没有制动的车辆是不完善的，甚至是危险的。试想一下，如果一列车突然失去制动，乘客的生命财产将受到严重威胁，这是何等地危险。因此，从某种意义上来说，制动是一个比牵引更为重要的问题。

三、制动能力

在设计和制造过程中，列车的最高运行速度和牵引功率需要得到充分考虑和计算，而制动能力更是需要认真计算和校核。列车的最大速度与牵引功率有关，但它更应该受到制动能力的限制，这是更重要的大事。

列车的制动能力是指该列车的制动系统能使其在规定的安全范围内或规定的安全制动距离内可靠地把车停下来的能力。一般来说，城市轨道交通系统都有明确的车辆运行规程，特别对列车制动能力有严格的要求和规定。例如，要求列车在紧急情况下的制动距离（紧急制动距离）不得超过某一规定值。上海地铁规定：列车在满载乘客的条件下，在任何运行初速度下，其紧急制动距离不得超过 180m。这个距离要比启动加速距离短得多。因此，从安全的目的出发，一般列车的制动功率要比驱动功率大 5～10 倍。

从能量的角度看，制动的实质就是将列车上的动能转移出去。制动系统转移动能的能力就是制动功率。在一定的制动距离条件下，列车的制动功率是其速度的三次函数。

第二节　城市轨道交通车辆制动系统的历史沿革

一、早期的制动方式

自 1881 年德国柏林有了世界第一辆有轨电车后，世界各大城市相继开始了大规模的城市轨道交通的建设。对于城市轨道车辆来说，除了要承载更多的乘客外，还有一项重要任务，那就是要使运动中的车辆能够安全地减速和停车，也就是必须要对车辆施行制动。最早的有轨电车是以人工制动的。司机绞动刹车钢丝，使木制的闸瓦靠紧车轮踏面，用摩擦力使车轮或车轴的转动减慢直至停止，以达到车辆减速和停车的目的。当然，这种原始的制动方法既费力又不安全，时常会发生钢丝断裂和车辆失控事故。人们逐渐认识到，为了能让车辆以一定速度安全运行，必需使其具有同样的减速和停车能力，必须重视对车辆制动的改进。忽视车辆制动将会发生危险，甚至造成旅客生命和财产的损失。因此，对制动机的研制成为近代铁路和城市轨道交通的一个大热门，有时甚至比电气牵引上的发明更为引人注目。

1863年，伦敦在市中心环路下面修建隧道，拟让火车在市中心的地下通行。但是火车的烟雾在隧道中弥漫，尽管有通风井，但排放烟雾问题仍然难以解决。直到1890年，伦敦才建成电力牵引的地下铁路，这就是真正意义上的第一条地铁。

地铁在20世纪初的欧美地区的城市得到迅速发展。由于地铁车辆是沿用铁路车辆的，因此任何火车制动新技术出现都会立即被应用于地铁列车。当时火车一般使用人工机械制动，例如杠杆拨动式闸瓦制动装置、手轮式棘盘链条制动机等。这种人工机械制动机，有的甚至现在还在被铁路车辆使用，当然它只是在空气制动机发生故障、调车作业或就地停放时使用。

二、现代化的制动系统

随着20世纪初科学技术的发展，铁路车辆上出现了空气制动机。所谓空气制动机，就是用压力空气作为制动的动力来源，并用压力空气的压力变化来实现列车的制动和缓解作用的制动装置。这种空气制动机被广泛应用于铁路、地铁、城市高架铁路以及其他轨道交通车辆。至今，空气制动机还在我国和世界各国铁路机车和货车上使用。虽然空气制动机与人工机械制动相比，安全性和可靠性都有了很大进步，但由于司机发出的制动指令是靠列车管内的压力变化来传递的，它的指令传递速度受空气波速的限制，也就是说其极限速度是330m/s左右。因此，对一列几百米长的列车来说，仍有可能造成前后车辆制动和缓解动作在时间上的不一致。在多数情况下，由此造成的列车纵向冲动和对车钩的损伤已达到非常严重的程度。

20世纪30年代，在欧美地区和日本出现了采用电信号来传递制动和缓解指令的制动控制系统，这是制动系统的一次革命，因为电信号的传输速度比空气波速快得多。采用电信号的制动控制系统被称为电气指令式制动控制系统。当时人们将制动的动力来源仍采用压力空气，但控制方式采用了电气指令式制动控制系统的列车制动机称为电磁空气制动机。电磁空气制动机在每节车辆都设有制动、缓解电磁阀。它们通过司机制动控制器进行励磁和消磁，从而控制列车制动或缓解。相对于空气制动机来说，电气指令式制动控制的主要优点是：全列车制动和缓解的一致性好，因此，制动和缓解时的纵向冲动小，制动距离短，车钩受力小，乘客乘坐舒适性好。

20世纪50年代，国外城市轨道交通车辆在大规模采用电磁空气制动机的同时，还采用电气指令式制动控制系统协调动力制动和空气制动，使制动控制技术达到了一个新的水平。最近几十年来，由于电力电子变流技术和微机技术的加入，使电气指令式制动控制系统不断改进、发展。大功率电力电子元件的出现使电气再生制动成为可能，微机技术的应用使制动防滑系统更加精确完善，城市轨道车辆制动技术正朝着安全、可靠、人性化和环保的目标不断前进。

第三节　现代城市轨道交通车辆制动系统的主要功能和组成部分

一、对城市轨道交通车辆的制动系统的要求

城市轨道交通越来越为广大市民所接受，现已成为大都市居民出行的首选方式。

城市轨道交通的特点是安全、快捷、准时、方便。但是它的站距相对于城市之间运营的一般火车来说就显得较短，只有1km左右。它的行车速度快、乘客上下数量波动大、发车频率高，因此，对车辆启动、加速和制动都有很高的要求。特别是对制动，出于安全的考虑，必须做到万无一失。

综合起来，对城市轨道交通车辆的制动系统应满足以下要求：

(1) 制动系统应具有足够的制动能力，能保证车辆在规定的制动距离内停车。制动系统应操作灵活、反应迅速、停车平稳。

(2) 制动系统应包括动力制动（电气制动）和空气制动（机械制动）两种制动方式，并且在正常制动过程中，尽量首先使用动力制动，以减少空气制动对城市的环境污染并降低车辆维修成本。

(3) 制动系统应具有可靠的安全保障系数，即使个别车辆发生故障或在较长距离和较大坡度的坡道上运行，也应有足够的制动力保证列车可靠制动和停车。

(4) 车辆应具有载荷校正能力，能根据乘客载荷的变化自动调节制动力，使车辆制动力保持恒定，限制冲动力，保证乘客乘坐的舒适性。

(5) 制动系统必须具有紧急制动功能。紧急制动装置除由司机操作外，还可由其他行车人员操作。

二、现代城市轨道交通车辆的制动系统的组成

根据以上特点和要求，现代城市轨道交通车辆的制动系统一般包括以下几个组成部分：

(1) 动力制动系统。它一般与牵引系统连在一起形成主电路，包括再生反馈电路和制动电阻器，将动力制动产生的电能反馈给供电接触网或消耗在制动电阻器上。

(2) 空气制动系统。它由供气部分、控制部分和执行部分（基础制动装置）等组成。供气部分有空气压缩机组、空气干燥机和风缸等；控制部分有电-空（EP）转换阀、紧急阀、称重阀和中继阀等；执行部分就是闸瓦制动装置和盘式制动装置等。

(3) 指令和通信网络系统。它既是传送司机指令的通道，同时也是制动系统内部数据交换及制动系统与列车控制系统进行数据通信的总线。

第二章 制动的基础理论

第一节 轮轨关系和制动力

除了橡胶车轮列车和磁悬浮列车等特殊交通系统外,目前绝大部分城市轨道交通车辆采用的是钢轨钢轮的走行方式。因此,我们首先要来研究钢轨与钢轮之间的互相关系,以及它们在运行时的各种工况。

轮对(由一根车轴与两个车轮组成)在钢轨上运行时,一般承受垂直载荷及纵、横切向载荷。垂直载荷来自车辆对轮对的正压力,纵向载荷主要来自牵引及制动,横向载荷来自车辆的蛇行运动。牵引时,牵引电机通过传动机构,将牵引动力传递给动车的动力轮对(动轮),由车轮和钢轨的相互作用,产生使车辆运动的反作用力。根据物理学中有关机械摩擦的理论,轮轨间的切向作用力就是静摩擦力。而最大静摩擦力就是钢轨对车轮的反作用力的法向分力与静摩擦系数的乘积。稳态前进的非动力轮的车轮在不制动时,其纵向切向力平衡轴承阻力和蛇行时的惯性力。因此,无论是动力轮对或从动轮对都存在着纵向切向力,它导致了轮轨之间的纵向相对运动。但实际上,事情并非那么简单,动轮与钢轨间切向作用力的最大值与物理学上的最大静摩擦力相比要小一些,情况也更复杂一些。

在分析轨道车辆的轮轨关系时,通常必须引入两个十分重要的概念,即"黏着"和"蠕滑"。

一、黏着

图 2-1 所示为某个动车以速度 v 在平直线路上运行时,它的一个动车轮对的受力情况(我们暂且忽略它内部的各种摩擦阻力)。为了更清楚地表示该图中的各种关系,我们把实际上互相接触的车轮与钢轨稍稍分开画出。

在图 2-1 中,P_i 为一个动轮对作用在钢轨上的正压力,又称为轮对的轴重。牵引电机作用在动轮对上的驱动转矩 M_i,可以用一对力形成的力偶代替。力 F'_i 和 F_i 分别作用在轮轴中心的 O 点和轮轨接触处的 O' 点,其大小为

$$F_i = F'_i = M_i/R_i$$

式中 R_i——动轮半径。

在正压力 P_i 的作用下,车轮与钢轨的接触部分紧紧压在一起。

切向力 F_i 使车轮上的 O' 点具有向左运动的趋

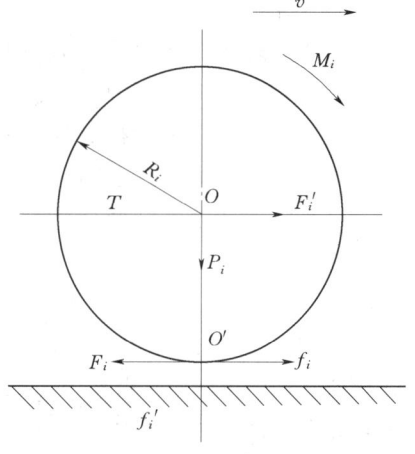

图 2-1 在平直线路上运行的轮对与钢轨受力分析

势,并通过 O' 点作用在钢轨上。f'_i 表示车轮作用在钢轨上的力,其值 $f'_i = F_i$。由于轮轨接触处存在着摩擦,车轮上 O' 点向左运动的趋势将引起向右的静摩擦力 f_i,即钢轨对车轮的反作用力,其值 $f_i = f'_i$,f_i 称为轮周牵引力。因此,车轮上的 O' 点受到两个相反方向的力 F_i 和 f_i 的作用,而且 $f_i = F_i$。所以,O' 点保持相对静止,轮轨之间没有相对滑动,在力 F'_i 的作用下,车轮对做纯滚动运动。

由于正压力而保持车轮与钢轨接触处相对静止的现象称为"黏着"。黏着状态下的静摩擦力 f_i 称为黏着力。

轮轨间的黏着与静力学中的静摩擦的物理性质十分相似。驱动转矩 M_i 产生的切向力 F_i 增大时,黏着力 f_i 也随之增大,并保持与 F_i 相等。当切向力 F_i 增大到某个数值时,黏着力 f_i 达到最大值。此后,切向力 F_i 如果再增大,f_i 反而迅速减小。试验证明,黏着力 f_i 的最大值 $f_{\max}$ 与动轮对的正压力 P_i 成正比,其比例常数称为黏着系数,用 μ 表示,即

$$f_{\max} = \mu P_i$$

上式表明,在轴重一定的条件下,轮轨间的最大黏着力由轮轨间黏着系数的大小决定。当轮轨间出现最大黏着力时,若继续加大驱动转矩,一旦切向力 F_i 大于最大黏着力,车轮上的 O' 点将向左移动,轮轨间出现相对滑动,黏着状态被破坏。这时,车轮与钢轨的相对运动由纯滚动变为既有滚动也有滑动。此时,钢轨对车轮的反作用力 f_i 由静摩擦力变为滑动摩擦力,其值迅速减小,并使车轮的转速上升。这种因驱动转矩过大,破坏黏着关系,使轮轨间出现相对滑动的现象,我们将其称为"空转"。当车轮出现空转时,轮轨间只能依靠滑动摩擦力传递切向力,因而传递切向力的能力大大减小,并且会造成车轮踏面和轨面的擦伤。因此,牵引运行应尽量防止出现车轮的空转。

黏着系数是由轮轨间的物理状态确定的。加大每个动轮对作用在钢轨上的正压力,即增加轴重,可以提高每个动轮对的黏着力和牵引力。但是,轴重也受到钢轨、路基和桥梁等各种条件的限制,不可能无限制地增加。城市轨道交通车辆由于采用动车组形式,动轮对数量比一般铁路列车多,动力和黏着力较分散,牵引力总量又很容易达到,与铁路列车的动轮对和牵引力都集中在机车头的情况相比,城市轨道交通车辆利用黏着条件就相对好得多,因而对保护轮轨间的正常作用是很有利的。

二、蠕滑

传统理论认为:钢轮相对钢轨滚动时,接触面是一种干摩擦的黏着状态,除非制动力或牵引力大于黏着力时才会转入滑动摩擦状态。但是现代研究表明,由于车轮和钢轨都是弹性体,滚动时轮轨接触处会产生弹性变形,这种新的弹性变形会使接触面间发生微量滑动,称之为"蠕滑"(CREEP)。对"蠕滑"的研究和分析,可以进一步深化我们对黏着的认识。

在车轮上正压力的作用下,轮轨接触处产生弹性变形,形成椭圆形的接触面。从微观上仔细观察,两个接触面是粗糙不平的。由于切向力 F_i 的作用,车轮在钢轨上滚动时,车轮和钢轨的粗糙接触面间产生新的弹性变形,接触面间出现微量滑动,即所谓的"蠕滑"。

蠕滑的产生是由于在车轮接触面的前部产生压缩,后部产生拉伸;而在钢轨接触面的前部产生拉伸,后部产生压缩。随着动轮的滚动,车轮上原来被压缩的金属陆续放松,并

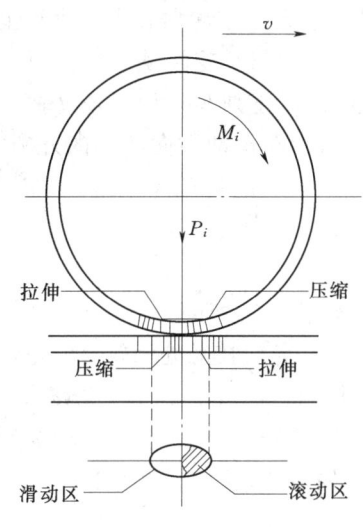

图 2-2 切向力在接触面上形成的滚动区和滑动区

被拉伸；而钢轨上原来被拉伸的金属陆续被压缩，因而在接触面的后部出现滑动。

如图 2-2 所示，切向力在接触面上形成两个性质不同的状态和区域：接触面的前部，轮轨间没有相对滑动，称为滚动区，用阴影线表示；接触面的后部轮轨间有相对滑动，称为滑动区。这两个区域的大小随切向力的变化而变化。当切向力增大时，滑动区面积增大，滚动区面积减小。当切向力超过某一极限值时，滚动区面积为零，只剩下滑动区，整个接触面间出现相对滑动，轮轨间黏着被破坏，车轮在钢轨上开始明显打滑，即出现"空转"。

蠕滑是滚动体的正常滑动。车轮在滚动过程中必然会产生蠕滑现象。伴随着蠕滑产生静摩擦力，轮轨之间才能传递切向力。由于蠕滑的存在，牵引时车轮的滚动圆周速度将比其轮心前进速度要大。这两种速度之间的差值称为蠕滑速度，并以一个无量纲比值蠕滑率 σ 来表示蠕滑的大小，即

$$\sigma = \frac{\omega R_i - v}{v}$$

式中 v——车轮轮心前进速度；
ω——车轮转动的角速度。

轮轨间由于摩擦产生的切向力反过来作用于驱动机构，随着切向力的增大，驱动机构内的弹性应力也增大。当切向力达到极限时，由于蠕滑的积累波及整个接触面，发展成为真滑动；积累的能量使车轮本身加速，这时驱动机构内的弹性应力被解除。由于车轮的惯性和驱动机构的弹性，在轮轨间出现滑动—黏着—再滑动—再黏着的反复振荡过程，一直持续到重新在驱动机构中建立起稳定的弹性应力为止。

三、制动力的形成

与牵引运行类似，制动力的形成也是通过轮轨间的黏着产生的。

为了降低列车运行速度或者为了停车，我们必须用外力将列车动能移走。这个移走列车动能的过程称为制动。一般城市轨道交通车辆的制动方式有三类，即摩擦制动（包括闸瓦制动和盘式制动）、动力制动（包括再生制动和电阻制动）和电磁制动（包括磁轨制动和涡流制动）。其中摩擦制动和动力制动都是通过轮轨黏着产生制动力的。下面以闸瓦制动为例，说明通过轮轨黏着产生制动力的过程。

图 2-3 是一个轮对利用闸瓦制动产生制动力的示意图。

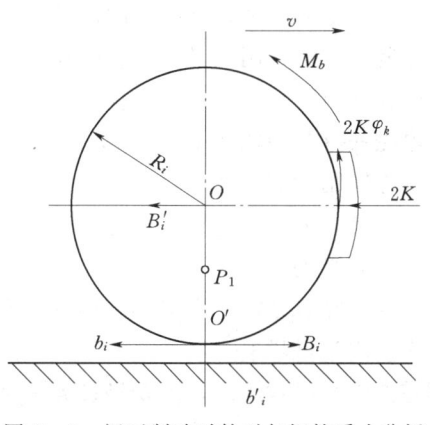

图 2-3 闸瓦制动时轮对与钢轨受力分析

假设一个轮对上有两块闸瓦,在忽略其他各种摩擦阻力的情况下,轮对在平、直道上滚动惰行。若每块闸瓦以力 K 压向车轮踏面,闸瓦和踏面间引起与车轮转动方向相反的滑动摩擦力 $2K\varphi_k$（φ_k 为车轮踏面与闸瓦间的滑动摩擦系数）。对于列车来说,该摩擦力是内力,不能使列车减速,可是它通过轮轨间的黏着,引起与列车运动方向相反的外力,以此来实现列车的减速或停车。

摩擦力 $2K\varphi_k$ 对车轮的作用效果,相当于制动转矩 M_b,即

$$M_b = 2K\varphi_k R_i$$

用类似牵引力形成的分析方法,转矩 M_b 可以用轴心和轮轨接触处的力偶（B_i、B_i'）代替。力偶的力臂为车轮 R_i,作用力 $B_i = B_i' = M_b/R_i = 2K\varphi_k$。轮轨接触处因轮对的正压力 P_i 而存在黏着,切向力 B_i 将引起钢轨对车轮的静摩擦反作用力 b_i,$b_i = B_i = 2K\varphi_k$。b_i 作用在车轮踏面的 O',作用方向与列车运行方向相反,是阻止列车运行的外力,称为制动力。制动力 b_i 也是轮轨间的黏着力,因而也受到黏着条件的限制,即

$$b_i \leqslant P_i \mu_i$$

式中　P_i——动车或拖车轮对的轴重；

　　　μ_i——制动时轮轨间的黏着系数。

整个列车的总闸瓦制动力为所有轮对闸瓦制动力之和,即

$$B = \sum b_i$$

制动力的大小可以采用增加或减小闸瓦压力来调节,但不得大于黏着条件所允许的最大值。否则,车轮被闸瓦"抱死",车轮与钢轨间产生相对滑动,车轮的制动力变为滑动摩擦力,数值立即减小,这种现象称为"滑行",是与牵引时的"空转"相对应的一种黏着状态被破坏的现象。滑行时,制动力大大下降,制动距离增加,还会造成车轮踏面与轨面的擦伤,因此也必须尽量避免。

动力制动产生制动力的过程与摩擦制动基本类似,只是制动转矩是由电机（这时电机处于发电机状态）产生的,而不是由闸瓦产生的。但它们都是通过轮轨黏着产生的。因此,牵引力、摩擦制动力和动力（电气）制动力都是黏着力,它们与黏着关系密切。充分利用好黏着条件,不仅是牵引必须注意的,对于制动来说也同样重要。"滑行"和"空转"都是必须避免的。

唯一不受黏着条件限制的制动力是电磁制动力。电磁制动有两种形式,即磁轨制动和涡流制动。磁轨制动是将带有磨耗板的电磁铁落在钢轨上,接通励磁电流,使电磁铁紧紧吸附在钢轨上,并通过磨耗板与轨面摩擦产生制动力。涡流制动的电磁铁没有磨耗板,它将电磁铁落在距轨面 7～10mm 处,电磁铁与钢轨间的相对运动引起电涡流作用形成制动力。磁轨制动在欧洲的轻轨车辆或有轨电车上经常能看见,主要用于紧急制动。但磁轨制动应用最多的是高速列车,还有磁悬浮列车。

四、影响黏着系数的因素

由于黏着系数与牵引和制动有相当重要的关系,所以长期以来,影响黏着系数的主要因素就成为世界上众多科技专家研究的方向。对轨道黏着系数的研究主要依靠试验。不同轨道的黏着系数不同,需要经过大量试验和对试验数据的计算分析才能得到。通过专家们的试验分析表明,影响黏着系数的主要因素有以下几项。

(一) 车轮踏面与钢轨表面状态

干燥、清洁的车轮踏面与钢轨表面，它们的黏着系数高，如果踏面或轨面受到污染，则黏着系数有很大下降。有试验结果表明，干燥、清洁的轨面，其黏着系数可达 0.3；而受到雨雪浸湿的轨面，其黏着系数仅为 0.12。对城市轨道交通来说，地铁、轻轨和有轨电车的轨面由于所处环境的不同，其黏着系数有着巨大的差别。晴天里，地面的轨面要比潮湿隧洞里的轨面黏着系数高；但雨雪天气里，隧洞里的轨面黏着系数反比地面的要高。冰霜凝结在轨面上或毛毛雨打湿轨面时，黏着系数非常低，但大雨冲刷、雨后生成的薄锈却使黏着系数大大增加。油的污染最会使轨面黏着系数下降，撒沙则能使轨面黏着系数增加。

(二) 线路质量

钢轨越软或道床下沉越大，轨面的黏着系数越小；钢轨不平或直线地段两侧钢轨顶不在同一水平，以及动轮所处位置的轨面状态不同，都会使黏着系数减小。

(三) 车辆运行速度和状态

车辆运行速度增高加剧了动轮对钢轨的纵向滑动和横向滑动及车辆振动，使黏着系数减小。特别是在车轮和钢轨表面被水污染的情况下，黏着系数随速度增加而急剧下降。车辆运行中由各种因素导致轴重转移，也会影响黏着系数。例如，车辆过弯道时，造成车辆车轮一侧加载，另一侧减载，使黏着系数大幅度下降，如果曲线半径越小，黏着系数下降就越多。牵引和制动工况对黏着系数也有一定影响，牵引时的黏着系数要比制动时大一些。

(四) 动车有关部件的状态

牵引电机特性不完全相同，牵引力大的容易空转或打滑，导致黏着系数下降；各个动轮的轮径不同，轮径小的容易空转，但不容易打滑；各个动轮的动负载不同，动负载轻的容易空转和打滑。一旦发生空转或打滑，黏着系数就急剧下降。

五、改善黏着的方法

改善黏着的方法主要有两大类：一大类是修正轮轨表面接触条件，改善轮轨表面不清洁状态；另一大类是设法改善轨道车辆的悬挂系统，以减轻轮对减载带来的不利影响。通常采用以下改善黏着的措施：从车辆上往钢轨上撒沙；用机械或化学方法清洗钢轨、打磨钢轨；改进闸瓦材料，如用增黏闸瓦；改善车辆悬挂，减小轴重转移等。

第二节 制动载荷分析

一、与制动有关的车辆载荷

(一) 垂直载荷

作用在车体上的垂直静载荷 P_{st} 包括车体自重和车辆载重。车体自重包括车体钢（铝合金）结构、木（塑铝）结构，以及安装在车体上的其他零部件和设备的重量。车辆载重包括乘客和行李的重量。地铁和轻轨车辆的载重按所载乘客的重量计算。载客人数按客室的坐席数，再考虑站立人数。额定站立人数按每平方米地板面积站立 6 人，超员可按每平方米地板面积站立 9 人计算，人均重量一般取 60kg。

（二）垂直动载荷

垂直动载荷 P_d 是由于轨面不平、钢轨接缝等原因以及车辆本身状态不良（例如车轮滚动圆偏心、呈椭圆形状和踏面擦伤等）引起轮轨间冲击和车辆簧上振动而产生的。

（三）纵向力

纵向力是当列车启动、变速、制动和调车作业时，在动车之间或调车机车与列车之间所产生的牵引或压缩冲击力。纵向力通过牵引缓冲装置作用于车底架的牵引梁上，使车体承受偏心的拉伸或压缩作用。纵向力的大小与动车的功率、列车重量、运行速度、制动系统性能、缓冲器的特性、车体的纵向刚度、调车时碰撞速度以及司机的操纵技术等因素有关。

（四）侧向力

作用在车体上的侧向力包括风力和曲线运行时的离心力。

（五）扭转载荷

当车辆通过线路的缓和曲线区段，前位转向架已进入缓和曲线，而后位转向架仍处于平直道时，车体将承受扭转变形。

二、制动时的载荷分析

列车在运行中实施制动时，在车辆上有以下两种纵向力的作用：

（1）在只采用空气制动机的情况下，列车开始制动时，由于列车前、后车辆不是同时发生制动作用，这样必然要引起车辆间的纵向冲击，其纵向力以集中力的形式和大小相等、方向相反地作用在车体底架两端。这种纵向力对转向架的受力没有影响。

（2）当全列车的所有车辆同时发生制动作用时，车辆间的纵向冲击消失，制动力却逐渐增大至最大值，由于车辆在制动力作用下做减速运动，就将引起车体和转向架质量的纵向惯性力。这种纵向惯性力对车体的作用远不及上述纵向力严重，故可以不计；但它对转向架有一定影响。在图 2-4 上，制动时钢轨给予车辆的最大制动力 F（kN）（其方向与车辆运动方向相反）由下式决定：

$$F = P_{st}\mu g$$

式中　P_{st}——车辆垂直静载荷，又称为车辆黏着重量，它等于车体和转向架的自重及车辆载重之和；

μ——轮轨间的黏着系数；

g——重力加速度。

在制动力 F 的作用下，车辆的最大减速度为

$$a = F/P_{st} = \mu g$$

这时，车体的纵向惯性力 Q 将引起前、后（按制动前车辆运行方向）转向架的垂直增减载荷 P_a 以及作用在转向架心盘处的水平载荷 T_a，如图 2-4 所示。根据车体受力平衡，可

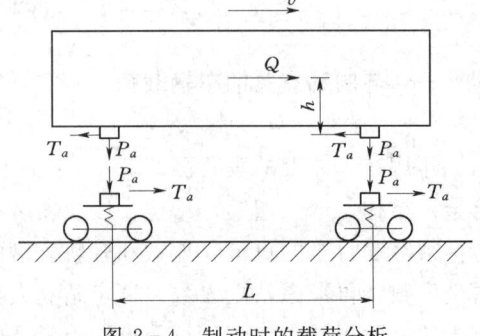

图 2-4　制动时的载荷分析

第二节 制动载荷分析

以得到：
$$P_a = \frac{Qh}{L}$$

$$T_a = \frac{Q}{2}$$

其中
$$Q = P_{st}a$$

式中　h——重载车体的重心至心盘面的垂直距离，m；

　　　L——车辆定距，m。

第三章　动力制动和电磁制动

第一节　动力制动的必要性、基本原理及其基本要求

一、动力制动的必要性

从能量的观点来看，制动的本质就是将列车已有的动能移走。制动系统转移动能的能力称为制动功率。在一定的制动距离条件下，列车的制动功率是其速度的三次函数。现代化的轨道交通车辆的速度都很高，这样大的制动功率如果仅仅以一种机械的方式——摩擦方式来承担，无论从哪方面来说都是行不通的。

目前，最多采用的机械摩擦制动方式是闸瓦制动，又称为踏面制动，是在制动时将闸瓦压紧车轮踏面，使车轮踏面与闸瓦之间发生滑动摩擦以使车轮产生制动力矩。列车动能通过轮瓦间的摩擦变成热能，再经过车轮、闸瓦和钢轨热导传递，散发到大气中去。但是热能散发的速度与动能转化热能的速度相比要慢得多，因而热量在闸瓦和车轮踏面间积聚，温度急剧升高，严重时高温可熔化闸瓦或烧灼踏面。因此，采用踏面摩擦制动功率是有一定限制的。

闸瓦与车轮踏面摩擦后产生的粉尘和热量对环境是有严重污染的，特别是这些粉尘和热量在通风条件不好的隧道内集聚，将对乘客和设备产生严重影响。此外，过量使用摩擦制动，将使闸瓦更换频繁，车轮踏面的修正旋削增加，不仅维修成本很高，车辆修理时间也很长，车辆的使用率也会下降。与闸瓦制动方式类似的盘式制动的污染情况也大致如此。因此，如果仅靠机械摩擦转移列车动能，将为其所造成的粉尘环境污染和对制动执行装置的维修成本付出高昂的代价。

为了减少机械摩擦，应尽量采用无污染的制动方式，目前最好的方法就是使用动力制动。由于现代城市轨道交通车辆一般都是电力牵引的动车组，采用直流或交流电动机作为牵引动力，因此以电气制动（动力制动）作为主要制动方式已成为潮流。电动车组中既有动车又有拖车，除了拖车没有电动机只能使用摩擦制动外，所有动车都可以进行动力制动（电气制动），并且还可以承担部分拖车的制动力。

二、动力制动的基本原理

所谓动力制动，就是在列车制动时，将所有牵引电机的电动机工况转变为发电机工况，将列车动能转化为电能转化而来的电能再通过两种方式——反馈给供电触网或消耗在电阻器上的方式将电能消耗掉。通过转换电路和受电器（受电弓）将电能反馈给供电触网，提供本车辅助电源或同一电网中相邻运行的列车使用的方式，就是再生制动，又称为反馈制动。如果触网电压太高，不能接受反馈电能，电能只能通过列车上的电阻器发热消耗，转变成热能散发到大气中去，这种方式就是电阻制动，又称为能耗制动。

对于现代城市轨道交通车辆的设计来说，每列车必须具有动力制动系统，而且在正常运行制动中应优先使用动力制动，尽量发挥动力制动的再生作用，以减少摩擦制动产生的热量和粉尘，这是一个节能和环保的基本原则。从理论上说，即使列车在高速行进时，常用制动也都从动力制动开始，直至车速降为零完全停车。但是实际上，动力制动在列车最高速度时（80km/h）很难实现。有时为了在满载的情况下获得最大的轮轨黏着力，列车也需要使用部分拖车上的摩擦制动力。当列车速度降到很低时（约10km/h以下），动力制动作用迅速减弱，也需要摩擦制动逐渐予以补充将车完全停止。

三、动力制动系统的基本要求

一个安全可靠的动力制动（电气制动）系统应满足以下基本要求：

（1）应具有机械的稳定性，即电气制动时，如果列车速度增加，制动力也应随之增加。

（2）应具有电气上的稳定性。电气制动时如果发生瞬时电流波动，系统能自动恢复原来的平衡状态。

（3）各台电机的制动力应相等。

（4）制动过程中无论外界条件有什么瞬时变化，例如电网电压波动、黏着条件变化以及人为的调节等，都不应产生大电流的冲击和制动力的冲击。

（5）电气制动电路的设计力求简单。

上述要求应在设计、研制和生产车辆时充分考虑，否则列车在运行中就不能实施动力制动（电气制动）。

第二节　再生制动电路

一、直流再生制动电路

在各种形式的制动中，电气制动是一种较理想的动力制动方式，它是建立在电动机的工作可逆性基础上的。在牵引工况时，电动机从接触网吸收电能，将电能转换为机械能，产生牵引力，使列车加速或在上坡的线路上以一定的速度运行；在制动工况时，列车停止从接触网受电，电动机改为发电机工况，将列车运行的机械能转换为电能，产生制动力，使列车减速或在下坡线路上以一定的限速度运行。

车辆进行电气制动时，首先应该是再生制动，即向供电网反馈电能。如果触网电压过高或同一供电区段无其他车辆吸收反馈能量，则电路转为电阻制动，把能量消耗在电阻器上。

图3-1所示为上海地铁一号线直流制列车的再生制动示意图。该列车主电路采用直流斩波器调压和串接直流电动机方式。直流斩波器调压和串接直流电动机的牵引方式将在列车牵引技术课程中讲述，这里只介绍制动工况。当一个直流斩波器控制的"两串两并"四个电机的主电路由牵引工况转换成电制动工况时，原先的各自电枢和励磁绕组串联的两个支路，现在转换成交叉励磁，也就是电机自己的励磁绕组去激励另一支路的电机电枢，而另一支路电机的励磁绕组来激励本机电枢。采用这种交叉励磁方法的目的是提高电路的电气稳定性。虽然这种交义励磁电路看起来具有他励（对每一组的电枢绕组而言）的性

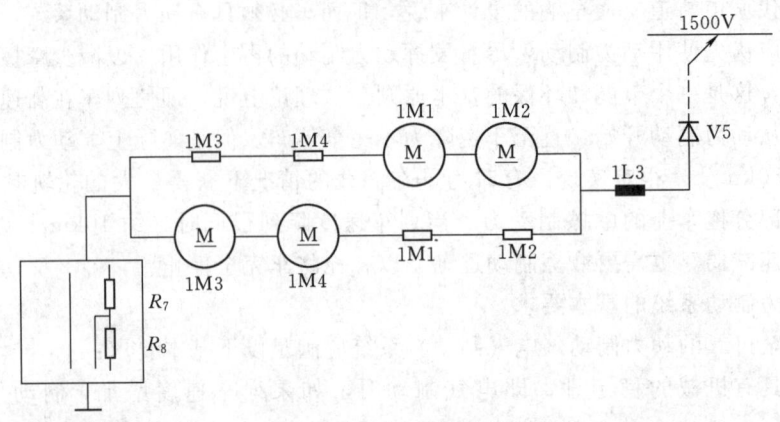

图 3-1　直流制列车的再生制动示意图

质,但由于电机型号和参数相同,实际上还是具有串励的特性,因为励磁绕组与电枢还是串联连接,只不过不是同一电机的罢了。在制动回路中还需接入一个预励磁电路,因为当回路由牵引工况转为制动工况时,原先剩磁方向必须改变,为此必须对电机预先他激励磁,以便使电机建立起发电机工况的初始电压。

再生制动电路工作时,斩波器导通,制动电流流过各个电机电枢、励磁线圈、平波电抗器(1L3)和制动电阻,使电机建立起电枢电势,从而使平波电抗器也建立起感应电势;当斩波器关闭,电路通过二极管(V5)续流,电枢电势与平波电抗器上的感应电势(此时感应电势的方向改变)叠加,向电网馈电。如果这时网上有负载(如本列车的辅助电源)或其他列车在附近,则可以作为负载吸收电能,再生制动成功;如果电网不吸收电能,网压太高,则再生制动失败,由制动电阻吸收电能,转为电阻制动。

在最近的十几年,由于城市轨道交通车辆乘坐舒适性的提高,列车客室空调消耗的能量已大大增加,客室内乘客服务设施(如报站显示器、广告电视屏)的耗能也日渐增多,使得列车辅助电源用量大为增加。因此,再生制动的能量被本车辅助电源消耗吸收的比例已占到80%左右,而反馈到电网上可供其他列车使用的能量已经很少了。这样一来,再生制动的节能效果非常明显,而由制动电阻消耗的能量也相对减少了。

从上述描述中可以看到,实施再生制动必须满足以下两个条件:

(1) 再生(反馈)电压必须大于电网电压。

(2) 再生电能可由本列车的辅助电源吸收,也可以由同一电网的其他列车吸收,这一条件不能由再生制动车辆自己创造,而取决于外界运行条件。

二、再生制动时的电流控制

再生制动电路建立后,电机接通负载就会有制动电流,然后制动电流产生制动力使列车减速。但列车减速会使电机电枢转速下降,引起电机的电枢电势下降,从而使制动电流和制动力下降。制动电流的下降还会使平波电抗器的感应电势减小,达不到再生制动的第一个条件。为了保证恒定的制动力矩和足够的反馈电压,在上述的直流制列车制动时,直流斩波器按列车控制单元及制动控制单元的指令,不断调节斩波器导通比,无级、均匀地控制制动电流,使制动力和再生制动电压持续保持恒定。当车速较高时,制动电流较大,再生制动电路需串入较大的电阻,并且将斩波器导通角控制得较小,以控制制动电流不能太大;当车速太低时,制动电流较小,再生制动电路会在调节过程中逐级切除电阻,并将斩波器全导通,以提高制动电流并维持反馈电压。在列车进行再生制动时,再生制动产生的电能有时并不能完全反馈给电网,这时也需要将部分电能消耗在电阻器上,以保持制动恒定。

三、直-交电路的再生制动

交流制列车进行再生制动时,主电路连接方式不需改变,因为异步电机的旋转磁场如果落后于转子转速,即转差率小于0,三相异步电动机工况就改变为三相交流发电机工况。在列车运行过程中,如果外力(如下坡)使车轮(也就是电机转子)加速,或人为控制定子频率降低,使转子频率高于定子频率,即可改变其牵引状态而处于制动状态。制动时(见图3-2,右侧电动机为三相交流牵引电动机),牵引逆变器控制旋转磁场,定子中的感应电流经续流二极管(VD1~VD6)的整流向电容(C_d)及直流电源侧反馈。这样,牵引逆变器原来的输入端变为输出端,列车的动能转换成了电能。直流端输出的电能可以被本车的辅助电源吸收或被相邻的列车牵引使用,这就是全部的再生制动。

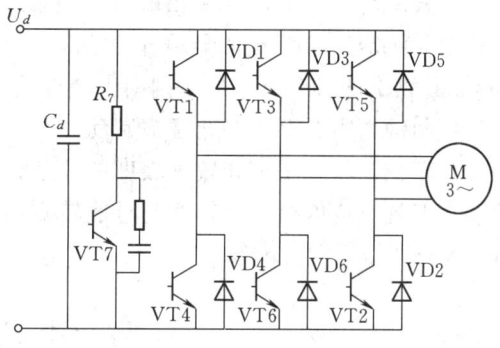

图3-2 交流制列车的直-交逆变电路

但是如果反馈的电能不能被吸收,储存在三相逆变器中间环节电容(C_d)上的电能会造成直流电压(U_d)急剧升高,该电压称为泵升电压,有可能瞬时击穿逆变器元件。因此,必须在电容边并联一个斩波调阻电路(R_7和VT7),当直流侧电压高于1800V时,斩波器(VT7)开通,将再生制动电流消耗在电阻器(R_7)上,这就变成电阻制动了。斩波器配合牵引逆变器,根据电机制动特性限制和调节制动电流,使电机保持恒转差率和恒转矩控制模式。这时动力制动转为部分电阻制动或全部电阻制动。

列车由运动状态逐渐减速直至停止的控制大致经历三个模式,即恒转差率控制模式(恒电压、恒转差频率)、恒转矩1(恒转矩1、恒电压)模式和恒转矩2(恒转矩2、恒磁通)模式。

(一)恒转差率控制模式

在高速时开始制动,此时三相逆变器电压保持恒定最大值,转差频率保持恒定最大值。随着列车速度的下降,减小逆变频率。电机电流与逆变频率成反比增加,制动力与逆变频率的平方成反比增加。当电机电流增大到与恒转矩相符合的值时,将进入恒转矩控制。但当电机电流增大到逆变器的最大允许值时,则从电机电流增大到该最大值的时刻起保持电机电流恒定,在一个小区段内用控制转差频率的方法进行恒流控制。在这种情况下,制动力将随逆变频率成反比增加。

(二)恒转矩1模式

逆变器电压保持恒定最大值,控制转差频率与逆变频率的平方成反比,随着速度的下降,减小逆变频率,则转差频率变小至最小值。电机电流与逆变器频率成正比减小,制动力保持恒定。

(三) 恒转矩2模式

转差频率保持恒定最小值，此时电机电流亦保持恒定。随着车辆速度的下降，减小逆变频率。同时采用PWM控制减小电机电压，即保持V/f_i恒定，则磁通恒定，制动力恒定。

一般制动工况下，列车由高速减速至50km/h期间，大约处于恒电压、恒转差频率区；由50km/h减速至完全停车期间，理论上大约处于恒转矩控制区。但实际上，在10km/h以下的某个点，再生制动力会迅速下降，所以当列车减速至10km/h以下后，为保持恒制动力需要逐步补充摩擦制动。

列车在下较长距离和较大坡度的坡道时，如果重力作用使列车加速运行，这种加速会使动车上的感应电机转子转速超过旋转磁场转速。列车会自动进入制动工况，制止转速的进一步增加。

第三节 电阻制动电路

一、电阻制动电路的电流控制

再生制动失败，列车主电路会自动切断反馈电路转入电阻制动电路。这时由列车运行动能转换成的电能将全部消耗在列车上的电阻器中，转变为热能散发到大气中去。因此，电阻制动又称为能耗制动。

图3-3所示为一个直流斩波控制电阻制动电路。斩波控制器（GTO）按制动控制指令不断改变导通角，调节制动电压和电流的大小。电路中的电阻（$R_7 \sim R_9$）也根据制动电流调节需要，按照车速的逐步减低而逐级短接，最后全部切除。

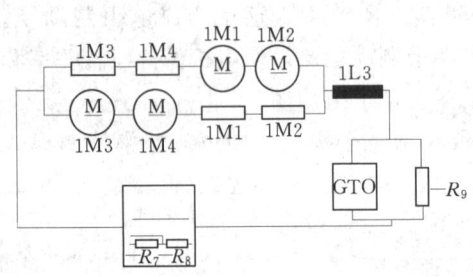

图3-3 直流制列车的直流斩波控制电阻制动电路

但是直流斩波控制电阻制动电路也有多种，不完全相同。北京地铁DK型列车的主电路采用的是直流斩波器调阻和串接直流电动机方式，其动力（电气）制动是纯电阻制动。它的动力制动调节方法与上海直流制列车的直流斩波控制电阻制动电路不同：斩波器通过控制导通角改变制动电路中某个制动电阻的电阻值，以此调节制动电流，使列车保持制动力恒定。这种制动电路的缺点是不能进行再生制动。

交流制列车电阻制动的原理与直流制列车基本相同，只是控制设备不仅有直流斩波器，还有三相逆变器；不仅要调节制动电流、电压，还要调节频率。其具体方式请参考本章第二节中有关直-交电路的再生制动的内容。

二、制动电阻器箱

一般每个动车都安装有制动电阻器箱，里面装有足够的制动电阻（见图3-4）。电阻材料一般采用合金带钢条，这种合金带钢条不仅具有稳定的电阻率，而且具有相当大的热容性。电阻带分组安装在由电磁瓶绝缘的铁架上，电阻带之间留有很大的通风空间。为了尽快地将电阻制动电能在电阻带上产生的热量散发出去（有时电阻带会烧红），制动电阻

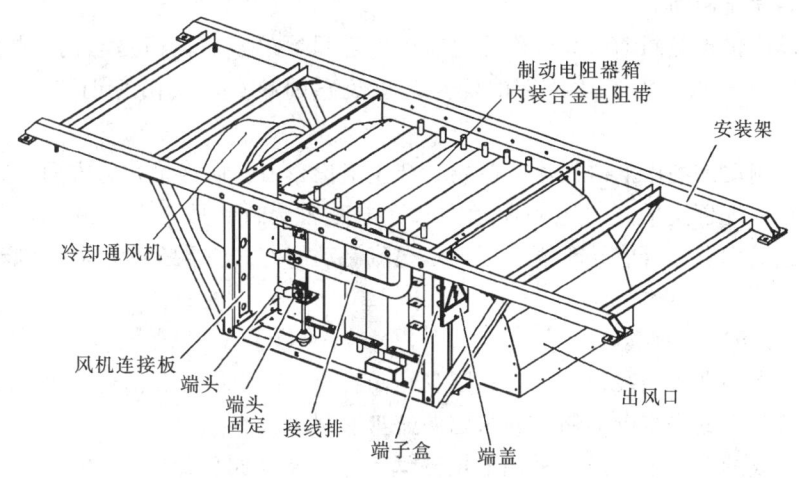

图 3-4 制动电阻器箱

器箱的一端装有功率很大的通风机。通风机的转速非常高，排风量也相当大。强迫风冷可以使电阻带温度迅速下降。但是热量散发到隧道里去会使隧道的温度升高，这对于地下车站的空调环境很不利，将增加夏季通风和空调的电费支出。因此，电阻制动会造成车辆能量和车站能量双重浪费，导致地铁运营成本的大大提高。此外，电阻制动带来的不利因素是：电阻带产生的高温明火会引起列车车下其他设备或电缆的燃烧，这将给列车运行带来潜在的危险。因此，尽量减少电阻制动次数，提高再生制动机会，不仅具有经济上的意义，更重要的是还可消除一切可能发生的不安全隐患。

第四节 电磁制动

一、磁轨制动

磁轨制动又称为轨道电磁制动（见图3-5），是一种很传统的制动方式。这种制动方式是在转向架前后两轮对之间的侧梁下装置升降风缸，风缸顶端装有一个电磁铁靴。电磁铁靴包括电磁铁和磨耗板。电磁铁靴悬挂安装在距轨面适当高度处，制动时电磁铁靴落下，并接通励磁电源使之产生电磁吸力，电磁铁靴吸附在钢轨上，并通过磨耗板与轨道摩擦产生制动作用。这种制动不受轮轨间黏着系数的限制，能在保证旅客舒适性的条件下有效地缩短制动距离。但磨耗板与轨道摩擦会产生很大的热量，对钢轨的磨损也很大。这种装置在有轨电车和轻轨上使用较多，因为其制动距离短，而且简单可靠。由于磁轨制动能获得较大的制动力并且与轮轨间黏着系数无关，所以在高速动车上通常装有磁轨制动，但仅在紧急制动时使用。

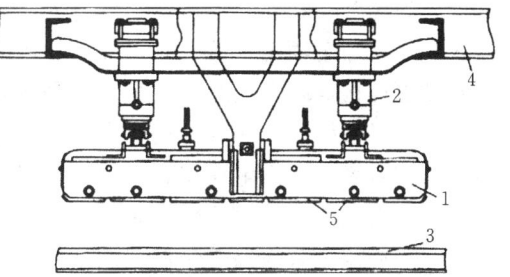

图 3-5 轨道电磁制动器
1—电磁铁；2—升降风缸；3—钢轨；
4—转向架构架侧梁；5—磨耗板

17

二、电磁涡流制动

磁轨制动的优点是制动力大、不受轮轨间黏着系数的限制，但是与钢轨的磨耗很大，这也是它的主要缺点。为了发挥它的优点，避免它的缺点，人们又创造出了电磁涡流制动。

电磁涡流制动是利用电磁涡流在磁场下产生洛伦兹力，而洛伦兹力方向与物体运动方向相反的物理原理创造的一种电磁制动方式。电磁涡流制动具有无摩擦、无噪声、体积小、制动力大的优点。目前，车辆利用电磁涡流制动的方式主要有盘形涡流制动和轨道直线涡流制动。

（一）盘形涡流制动

盘形涡流制动利用安装在车轴上的圆盘切割磁力线产生涡流和洛伦兹力，根据产生磁场的机理可分为电磁涡流盘形制动和永磁涡流盘形制动。

日本新干线的高速电动车组采用的电磁涡流盘形制动原理如图3-6所示。该图中 I_F 为励磁电流，使电磁铁心在制动工况下产生所需要的磁场；n 为轮对旋转速度；T_B 为制动力。电磁涡流盘形制动装置安装于电动车组的拖车上，利用相邻车辆牵引电机的主电路电源作为励磁电源。

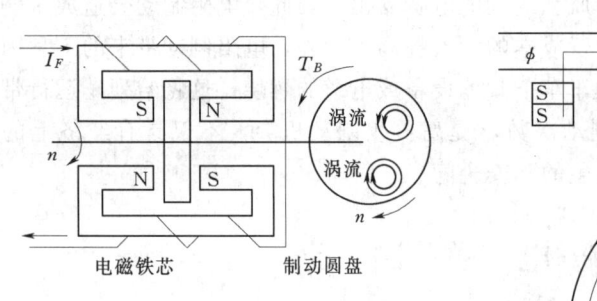
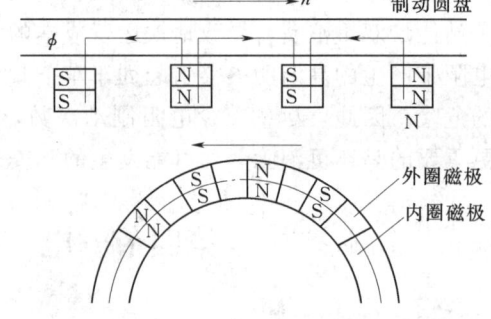

图3-6　电磁涡流盘形制动原理　　　　图3-7　永磁涡流盘形制动原理

永磁涡流盘形制动利用永久磁铁代替电磁铁线圈产生电磁场，制动圆盘在磁场中产生涡流阻止磁场增加，产生制动转矩。日本铁道综合研究所试验的永磁涡流盘形制动原理如图3-7所示。永磁涡流盘形制动装置的制动圆盘安装于转轴上，定子为永磁圆盘。永磁圆盘分为内圈圆盘和外圈圆盘，配置有内、外两圈磁轭。两圈磁轭内均交错放置N极和S极的永久磁铁。车辆正常运行时，外圈和内圈的永久磁铁极性为异性排列在一起，磁通在极片和磁轭内构成闭合磁路、不穿越制动圆盘，因而不产生制动转矩。车辆制动时，内、外圈的永久磁铁极性为同性排列，永久磁铁通过极片和制动圆盘构成磁路。制动圆盘随转轴转动，切割磁力线产生涡流和制动转矩，改变极片相对位置可以调节制动转矩的大小。

两种盘形涡流制动中，电磁涡流盘形制动的制动功率大，且设备较多，已在日本新干线得以广泛应用；永磁涡流盘形制动结构简单，但由于目前制动功率受到一定限制，尚处于试验阶段。

盘形涡流制动结构类似机械盘形制动，但没有制动圆盘与闸片之间的磨耗。对列车制动来说，还需受到轮轨黏着系数的限制。

第四节 电磁制动

(二) 轨道直线涡流制动

轨道直线涡流制动通过对安装于转向架两侧车轮之间的条形磁铁励磁，在钢轨上产生涡流使车辆制动，具有无摩擦、制动迅速等优点。同时，轨道直线涡流制动装置可增加车辆轴重，提高车辆黏着力。其原理如图3-8所示。当处于制动状态时，由于电磁铁的N极和S极相对于钢轨的运动，在钢轨内产生交变的磁场，使钢轨头部产生涡流，涡流与电磁铁相互作用，产生一个垂直于钢轨面的吸引力和一个与车辆运行方向相反的制动力；垂直于轨面的力可增加车辆的黏着力，与车辆运行方向相反的力就是电磁涡流制动力。但轨道涡流制动如果要得到很大的涡流制动力，则需要很庞大的制动装置。这种轨道涡流制动装置应用于上海磁浮列车的制动控制系统中。

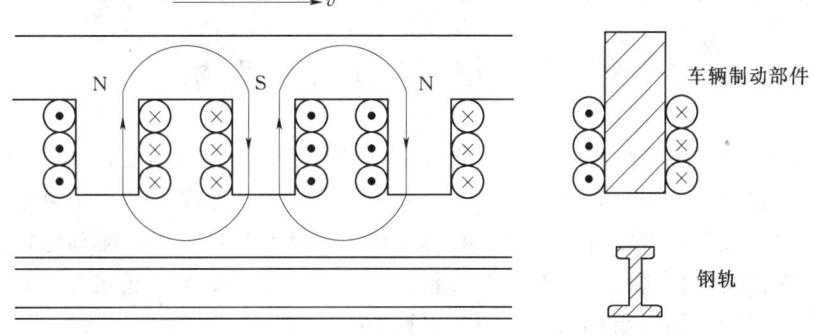

图3-8 轨道直线涡流制动原理

第四章 供气系统

供气系统是向整个列车提供压缩空气的气源。它不仅针对空气制动系统，而且也为其他用气部件提供气源，例如气动门、汽笛、空气弹簧（二系悬挂）和刮雨器等。供气系统主要由空气压缩机组、空气干燥器、风缸及其他空气管路部件等组成。

第一节 空气压缩机组

空气压缩机组是整个供气系统的核心部件，没有空气压缩机就没有气源。

一般城市轨道交通列车是以动车组为单元的，所以供气系统一般也是以动车单元来设置的。每一单元设置一个空气压缩机组，每个机组包括空气压缩机、驱动电机、空气干燥器和压力控制开关等。这些装置都集中安装在动车单元的一个车的底架上，例如上海地铁一号线列车的空气压缩机组都安装在每个单元的 C 车上。

城市轨道交通车辆的供电制式一般为直流 1500V、750V 或 600V。除了 1500V 比较高外，750V 和 600V 额定输入电压的直流电动机都比较容易制造，因此制动空气压缩机组的电动机大都采用直流电机，直接由接触网供电。进口车辆的空气压缩机驱动电机也有采用 1500V 直流电机的。电动机通过弹性连轴器驱动空气压缩机。

进入空气压缩机的空气必须先经过空气过滤器使其净化。经过压缩后的空气在存入主储风缸前，还要进行干燥，然后供各用气部件使用。

目前城市轨道交通车辆使用的空气压缩机大多为多级气缸，分低压段和高压段压缩。低压压缩是将外界大气压缩至 2.6×10^5 Pa 左右，然后再进入高压压缩，将压力提高至 10×10^5 Pa。每个气缸顶部都设有吸气阀和排气阀，外界大气通过设在空气压缩机进气口处的油浴式过滤器的净化后，被吸入低压气缸进行压缩。为了提高压缩效率，低压气缸输出的压力空气被送到中间冷却器冷却。冷却后的低压空气送至高压气缸作进一步的压缩，直至空气压力符合要求。高压的压缩空气还必须通过后冷却器冷却，使其温度降低以便通过空气干燥塔进行油水分离。最后，洁净而干燥的高压压缩空气被送至主储风缸进行储存。中间冷却器和后冷却器多为翅片管式冷却器，它们被重叠在一起，采用强迫通风冷却。强迫通风的风源来自安装在曲轴端头的风扇。空气压缩机运行时，其气缸的润滑是依靠焊接在曲轴上的小铁片将曲轴箱内的机油刮起，飞溅到气缸壁上来润滑的。这种润滑方式称为飞溅润滑。采用这种润滑方式会使空气压缩机输出的压缩空气含有一定量的油分，所以必须在最后作油水分离。空气压缩机的启动与停止是由压力开关控制的，压力开关设置一般为 $(7.0 \sim 8.5) \times 10^5$ Pa，前者为开启压力，后者为停止压力。气路中还设置了 10×10^5 Pa 的安全阀，以防压力开关失效。

第一节 空气压缩机组

下面以上海地铁引进的交流传动车的VV120型制动空气压缩机（见图4-1）为例，介绍空气压缩机的工作原理。

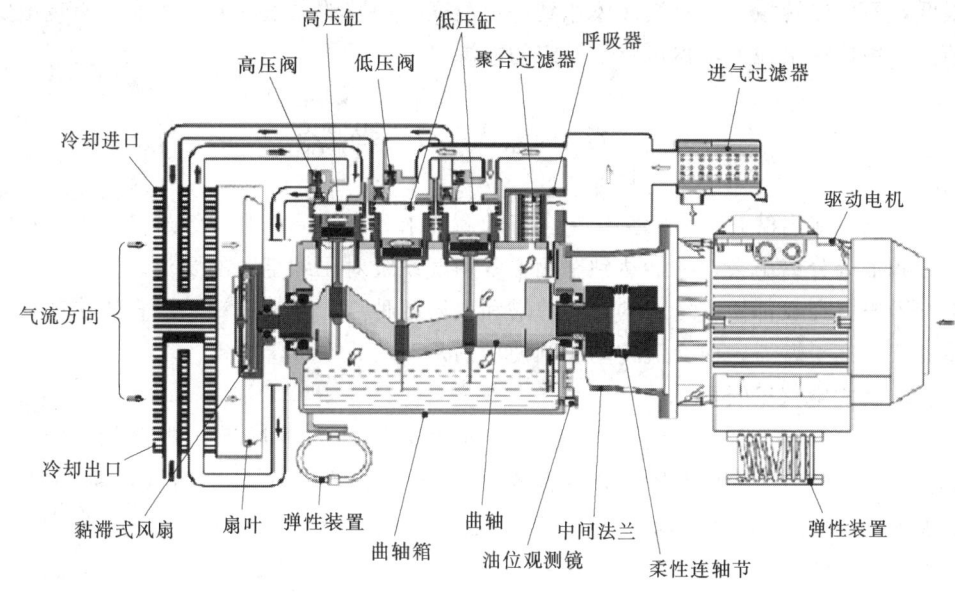

图4-1 VV120型制动空气压缩机

VV120型制动空气压缩机由三个往复式压缩气缸、两个冷却器以及驱动电机组成。在理论上，在$10 \times 10^5 Pa$的压力下，它能为列车制动系统每分钟提供大约950L的冷却空气。

空气压缩机通过弹簧索弹性地吊在车辆底部，这能有效地为空气压缩机提供缓冲并降低对车体的振动。

空气压缩机是W形结构。VV120型制动空气压缩机为三缸压缩机，其中两个缸为低压缸，一个缸为高压缸。曲轴直接由400V三相交流或1500V直流电压电机驱动。电机和空气压缩机通过一个带自动对准、可以消除对准误差的圆管状可弯曲连轴节的中间法兰相互连接。活塞在经空气冷却的气缸中运动，其由弹簧加载的金属盘定位在铸铁气缸头上。

该空气压缩机的润滑方式为飞溅润滑。安装在曲轴箱呼吸器上的外接过滤器单元对溅到曲轴箱呼吸器上的润滑油进行分离、干燥，之后润滑油流回曲轴箱。通过油位观测镜可检查油量，测油杆必须插在油位观测镜里，如果油量太少，可能引起过热并导致气缸炭化。

空气压缩机的进气过滤器采用过滤纸，虽然效果较油浴式过滤器好，但相应成本也高。空气先通过纸质过滤器经低压缸压缩，流过中间冷却器，压力下降，温度升高。高压缸对低压空气进一步压缩，经后冷却器流入气路系统，最后由干燥器干燥。在箱体内还有两个桶型吸入式空气过滤器。当空气进入箱体，在进入过滤器前会形成旋转式的运动。这种旋转运动足以分离微小灰尘颗粒。当空气压缩机停机时，这些灰尘颗粒因受重力掉落在箱体内的微小空间里。

空气压缩机通过 $10×10^5$ Pa 的安全阀得到过载保护。该机的冷却风扇叶片不直接安装在曲轴端头，而是通过温控液力联合器与轴连接的。连轴器在温度较低时，其内部的液体黏度很低，不传递转矩，只有当液体达到一定温度时，它的黏度上升，才能传递转矩使风扇转动。使用这种温控连轴器可节约一定的能源。

第二节 空气干燥器

空气压缩机输出的高压压缩空气中含有较高的水分和油分，必须经过空气干燥器将其中的水分和油分分离出去，才能达到车辆上各用气系统对压缩空气的要求。

空气干燥器一般都做成塔式的，有单塔和双塔两种。上海地铁一号线直流传动车采用的是单塔式空气干燥器，而交流传动车则使用的是双塔式空气干燥器。

一、单塔式空气干燥器

单塔式空气干燥器（见图 4-2）是由油水分离器、干燥筒、排泄阀、电磁阀、再生储风缸和消声器等组成的。在油水分离器中存有许多拉希格圈（这是一种用铜片或铝片做成的有缝的小圆筒），干燥筒则是一个网形的大圆筒，其中盛满颗粒状的

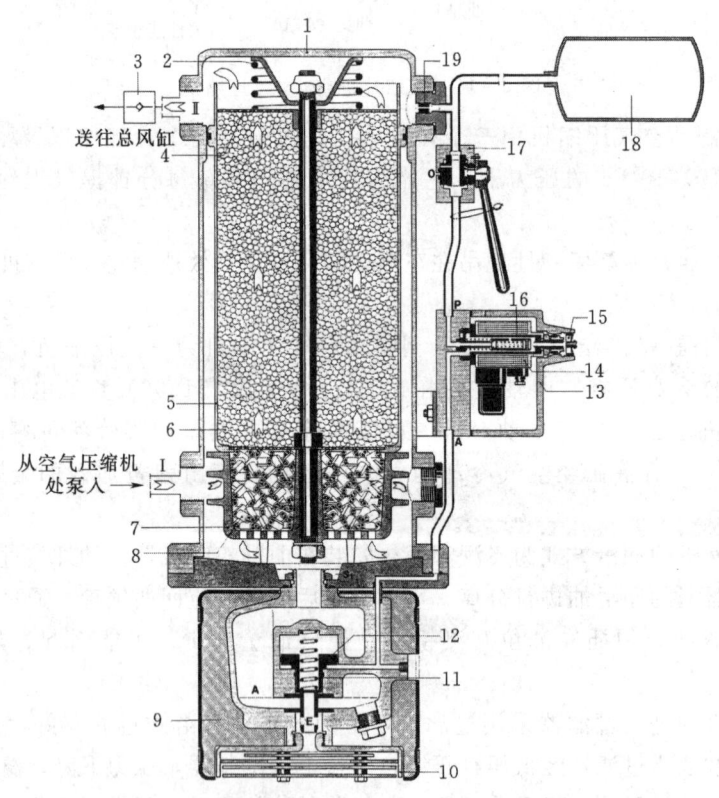

图 4-2 单塔式空气干燥器

1—空气干燥筒；2—弹簧；3—单向阀；4—带孔挡板；5—干燥筒筒体；6—吸附剂；7—油水分离器；
8—拉希格圈；9—排泄阀；10—消声器；11—弹簧；12—活塞；13—电磁阀；14—线圈；
15—排气阀；16—衔铁；17—带排气的截断塞门；18—再生储风缸；19—节流孔

吸附剂。

空气干燥器工作过程如下：空气压缩机输出的压力空气从干燥塔中部的进口管进入干燥塔后，首先到达油水分离器。当含有油分的压缩空气与拉希格圈相接触时，由于液体表面的张力的原因使空气中的油滴很容易地吸附在拉希格圈的缝隙中，这样就将空气中的油分大大地排去了。然后空气再进入干燥筒内与吸附剂相遇，吸附剂能大量地吸收空气中的水分，最后使干燥筒上方输出的空气相对湿度 $\varphi<35\%$，即可满足车辆各用气系统的需要。当洁净而干燥的压力空气输向主储风缸时，分离后留在干燥塔内的油和水还要进行处理。从空气干燥塔输出的干燥空气有一部分通过干燥塔顶部的另一小孔储入再生储风缸。当总储风缸压力达到 8.5×10^5 Pa 时，空气压缩机停止工作，干燥塔顶的压力将迅速降低。由于干燥塔与主储风缸的通路中有止回阀，故主储风缸的压力空气不能回至干燥塔内，而这时再生储风缸内干燥的压力空气将回冲至干燥塔内，并且沿干燥筒、油水分离器一直冲

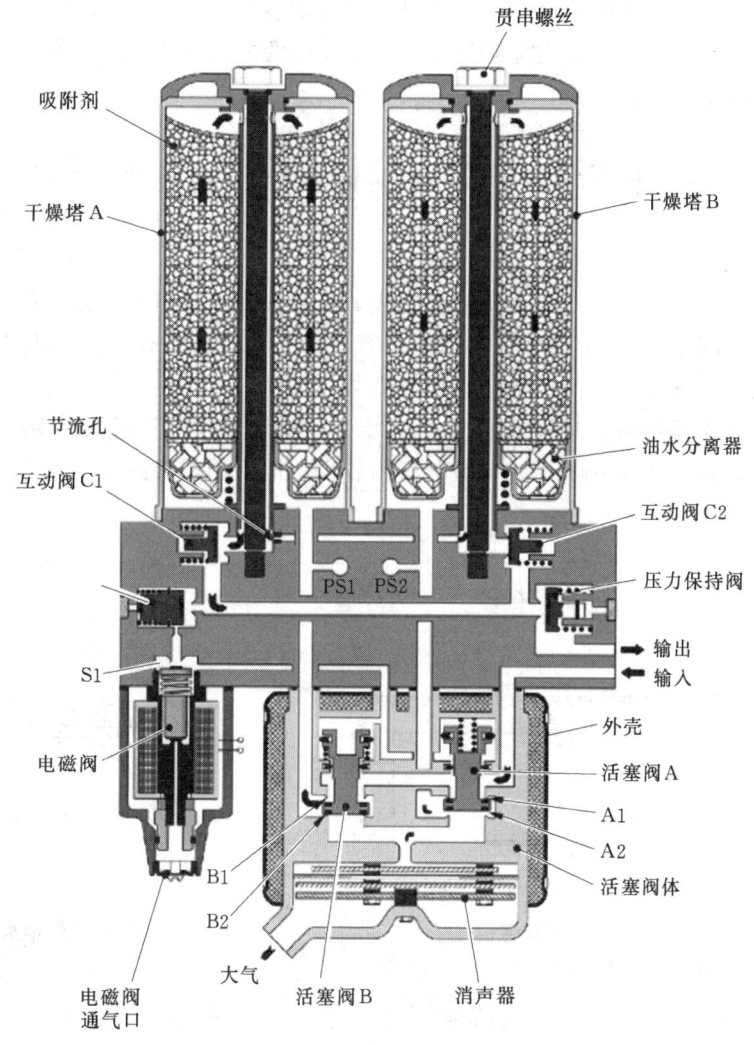

图 4-3 双塔式空气干燥器

至干燥塔下部的积水积油腔内。在下冲的过程中，回冲干燥空气吸收了吸附剂中的水分，同时还冲下了拉希格圈上的油滴，使吸附剂和拉希格圈都得到还原，在以后的净化和干燥中可以继续发挥作用。再生储风缸还有一条管路通向积水积油腔底部的排污阀门。管路中间有一个电磁阀，其电磁线圈与空气压缩机压力开关相接。当空气压缩机关闭时，电磁阀线圈失电，气路导通，再生储风缸的压力空气顶开积水积油腔底部的排污阀门，使积水积油腔内的水和油通过消声器迅速排向大气。

二、双塔式空气干燥器

相对于直流传动车，交流传动车选用的空气压缩机的排气量较小，它停止工作的间隙不能满足单塔式干燥器再生所需的时间，因此要选用双塔式空气干燥器（见图 4-3）。双塔式空气干燥器的工作原理与单塔式的类似，只不过它采取的不是时间分段法，即一段时间吸污，下一段时间再生和排污；而是采取双塔轮换法，即一个塔在去油脱水的同时，另一个塔则进行再生和排污，过后两个塔的功能对换，以此达到压缩空气可连续进行去油脱水的目的。双塔式空气干燥器没有再生储风缸，而依靠两个干燥塔互相提供回冲压力空气排污。但它设有一个定时脉冲发生器，使两个干燥塔的电磁阀定时地轮换开、关，以使两个塔的功能能够定时进行轮换。

第三节　风缸及其他空气管路部件

一、风缸

风缸是用于储存压缩空气的，用钢板制成，具有很高的耐压性，是一种高压容器。风缸容积较大，如图 4-4 所示。风缸两端各设有一螺孔，以备从任意一端与三通阀或分配阀连通。中央部下方也设有一个螺孔，用来安装排水塞门。使用排水塞门可排除风缸内的凝结水，也可兼作缓解阀，其构造如图 4-5 所示。排水塞门与截断塞门的组成基本相同，只是外形较小，其手把的开闭位置与截断塞门相反，即手把与管路平行时为关闭位，垂直时为开通位。

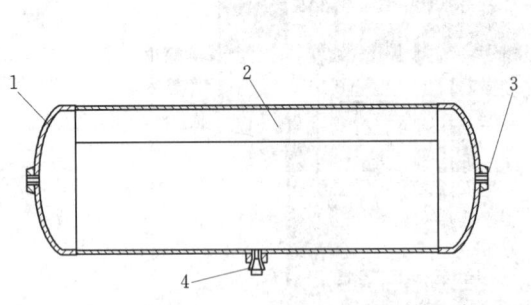 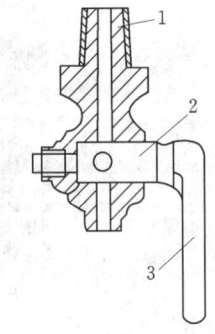

图 4-4　风缸结构　　　　　　　　　　　图 4-5　排水塞门
1—端盖；2—缸体；3—管接头；4—排水堵　　1—阀体；2—塞门芯；3—手把

车载风缸有各种用途，如上海地铁一号线直流制列车每节车上有四个风缸：一个 250L 总风缸，一个 100L 空气悬挂系统风缸，一个 50L 制动风缸，以及一个 50L 气动车门风缸。此外,带有空气干燥塔的 C 车增加一个再生储风缸。

上海地铁交流制列车每节车上有五个风缸:一个 100L 主风缸,一个 100L 副风缸,一个 60L 气动车门风缸,以及两个空气悬挂系统风缸。此外,带受电弓的 B 车还增加一个 5L 小风缸,用于紧急情况下的升弓操作。

二、其他空气管路部件

（一）截断塞门

截断塞门安装在制动支管上,当列车中的车辆因特殊情况或列车检修作业需要停止该车辆空气制动系统的作用时,关闭该车的截断塞门,切断车辆制动机与制动主管的压缩空气通路,同时排出副风缸和制动缸的压缩空气,使制动机缓解,以便于检修人员的安全操作。

截断塞门有两种不同的结构形式:一种为锥芯独立式;另一种为球芯式。

锥芯独立式截断塞门的构造如图 4-6 所示。手把与制动支管平行时为开通位置,手把与制动支管垂直时为关闭位置。

球芯式截断塞门的塞门芯为圆球,表面镀铬抛光,球芯的通孔和制动支管同为圆形直径,减少了空气流动的阻力。为防止漏泄,在塞门芯与阀口之间装有一个密封圈。

有的截断塞门还带排气口。带排气口的截断塞门如图 4-7 所示。

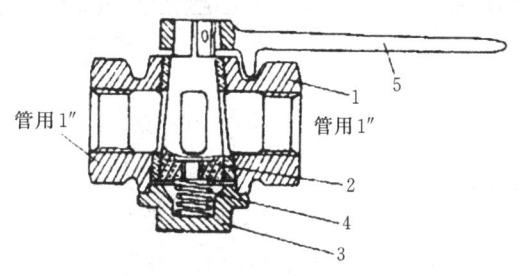

图 4-6 锥芯独立式截断塞门
1—阀体；2—塞门芯；3—盖；4—弹簧；5—手把

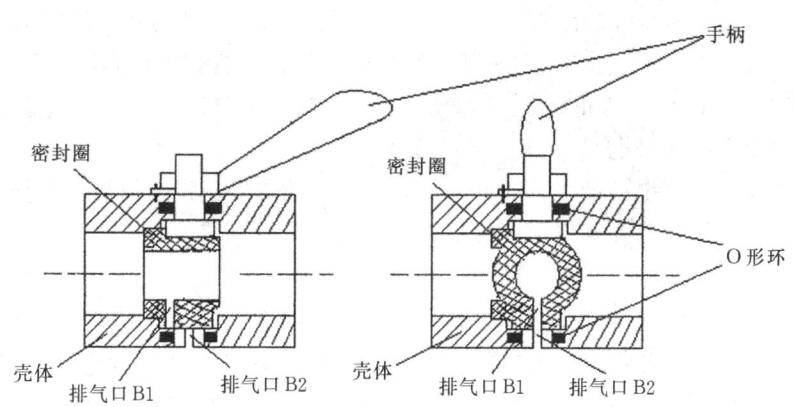

图 4-7 带排气口的截断塞门

（二）脉冲电磁阀

脉冲电磁阀是先导控制的二位三通阀（左、右二位，B、P、S 三通口），它由一个气动往复阀芯和用于预控的电磁阀组成。此外,它还配有附加的手动控制。当拆掉 A 通口的封口螺帽时,就变成一个二位五通阀（左、右二位，B、P、S、R、A 五通口）了（见图 4-8）。

脉冲电磁阀用于气电控制回路中,如果电脉冲被触发,则控制腔充气或排气,或按顺

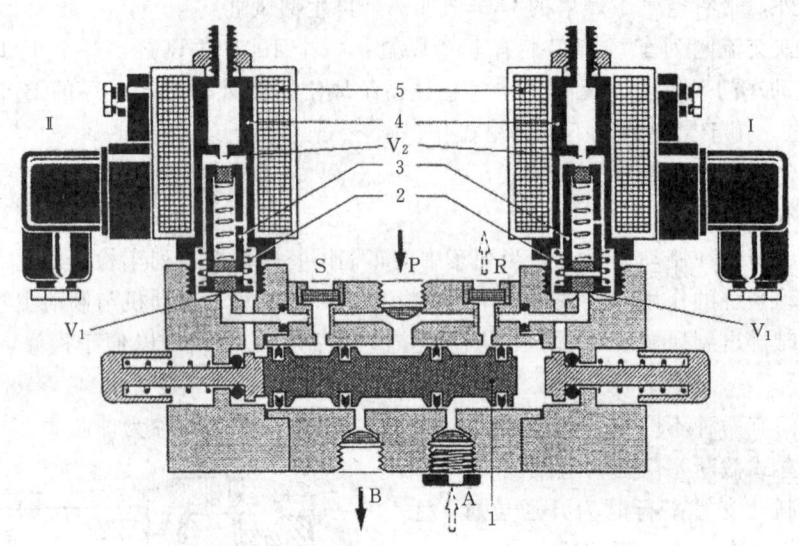

图 4-8 脉冲电磁阀（二位五通阀）
1—活塞；2—弹簧；3—衔铁；4—电磁阀体；5—线圈；V_1、V_2—阀座

序交替进行。例如，用于单作用风缸或双作用风缸（操作弹簧加载的停车制动，控制门风缸）等。其操作原理是：当阀磁铁Ⅰ和Ⅱ失电时，在缓解位，即电磁铁断电，活塞总处于一个端部位置，活塞位于左端。二位三通阀工作时，进气口 P 和排气口 B 形成通路。

当阀磁铁Ⅱ得电时，控制空气经阀座 V_1 到活塞，活塞移到右端位。当电脉冲终止，衔铁连同其底座被弹簧压在阀座 V_1 上，流进活塞的控制空气被切断，活塞仍留在原先的位置上。从 V_1 通向活塞的控制管经阀座 V_2 排气。活塞保持在右端位。当活塞保持在右端位时，操作气流 B 经排气口 S 排入大气。当阀磁铁Ⅰ得电时，压力空气驱动活塞运动到左端位，即如之前未得电时一样。

在断电情况下，可手动操作脉冲电磁阀。压下按钮到停止位，使活塞移到左右两端中的一端，松手后，按钮在弹簧作用下复位，活塞仍停留在原位。

（三）止回阀

止回阀（见图 4-9）安装于只允许空气从一个方向流入且反向截止的空气管路，以避免压降。当流入方向压力升高，阀锥打开，阀座 V 克服弹簧的作用力，使压力空气流过。当供应管 A_1 压力下降，弹簧使阀锥顶住阀座 V，这样就截止了回流，避免了 A_2 的压降。

（四）减压阀

减压阀（见图 4-10）的作用是调节压缩空气系统中的空气压力。

未受控制的压力经 P 端口进入减压阀。压缩空气流经活塞底部。如果压力足够大，活塞会上升，排气阀也会上升，直到其靠住阀口 V_1，这样端口 P 到端口 A 的通路就被切断。如果端口 P 的压力继续推动活塞上升，则活塞上的阀口 V_2 打开，多余的空气从端口 O 排出。当压力下降，弹簧把活塞往下推，通过阀杆关闭了阀口 V_2。如果端口 A 的压力进一步下降，则阀口 V_1 被打开，使更多的压缩空气从端口 P 流入。这一过程会一直持续下去，保证了端口 A 的压力恒定。

第三节 风缸及其他空气管路部件

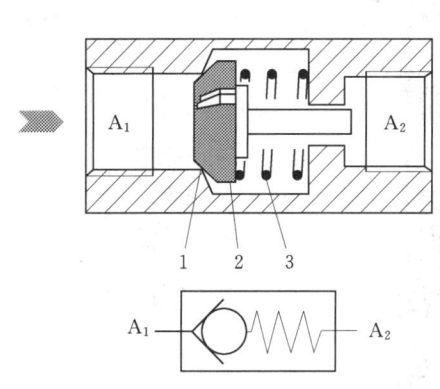

图4-9 止回阀的结构原理
1—阀座V；2—阀锥；3—弹簧

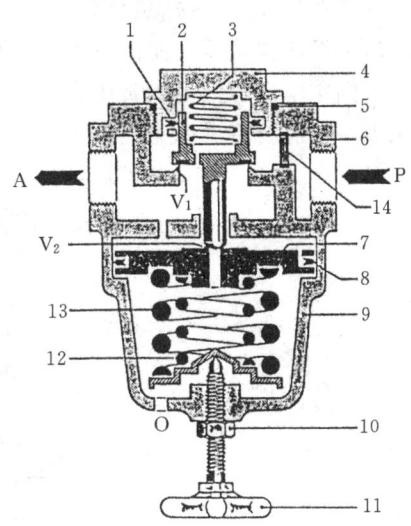

图4-10 减压阀
1、5、8—密封圈；2—排气阀；3—弹簧；4—阀盖顶；6—进气口；7—活塞；9—阀体；10—锁紧螺母；11—调节螺丝；12—调整弹簧；13—大弹簧；V_1、V_2—阀口

（五）空气过滤器

空气过滤器用于压缩空气制动系统、气动车门机构等，可以保护这些敏感的设备不受损坏。空气过滤器对在多尘环境下运行的列车的制动系统的可靠性具有极其重要的作用（见图4-11）。

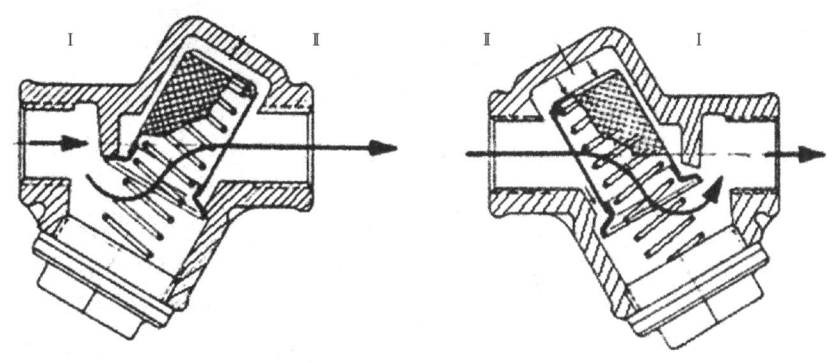

图4-11 空气过滤器的结构原理

空气过滤器可根据需要任意连接，也可以安装在任意方向。如果要在过滤器被阻塞时，使工作单元不受损坏而停机，工作单元应与过滤器Ⅱ接口相连。在过滤器被阻塞时，如果被连接的单元要保持在工作位，应与过滤器Ⅰ接口相连。因为从Ⅱ接口进入的压力空气在受阻的情况下会压缩滤网弹簧，使压缩空气继续通过。

（六）安全阀

安全阀是空气制动系统中保证空气压力不致过高的重要部件。安全阀的结构如图

4-12所示,在它中间的顶杆是个导向杆,底部的阀门可以上下滑动。调整螺母将一个弹簧压在阀门上面,弹簧压力使阀口关闭,弹簧压力可由调整螺母调节。当空气压力超过规定压力时,则空气压力抵消弹簧压力,将阀口顶开,释放压力空气。有时空气压力没有超过规定压力,但需要释放压力,也可以用工具向上拔起阀杆,即可打开阀口。

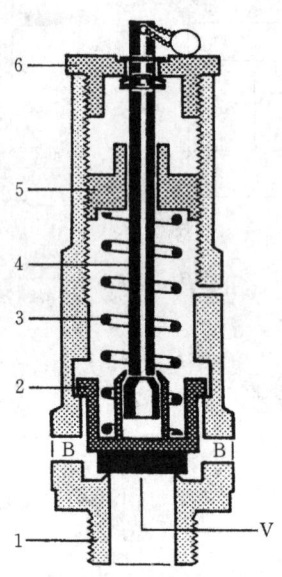

图 4-12 安全阀
1—阀体;2—活塞;3—弹簧;4—顶杆;5—调节螺母;6—上盖;
B—排气口;V—阀口

第五章 制动控制系统

制动控制系统是空气制动系统的核心，它接收司机或自动驾驶系统（ATO）的指令，并采集车上各种与制动有关的信号，将指令与各种信号进行计算，得出列车所需的制动力，再向动力制动系统和空气制动系统发出制动信号。动力制动系统进行制动时将实际制动力的等值信号反馈给制动控制系统，制动控制系统通过运算协调动力制动和空气制动的制动量。空气制动系统将制动控制系统发来的制动力信号经流量放大后使执行部件产生相应的制动力。这就是制动控制系统的主要功能。

第一节 制动控制系统的组成

制动控制系统主要由电子制动控制单元（EBCU）、空气制动控制单元（BCU）和电气指令单元等组成。它在整个制动系统中的位置如图5-1所示。

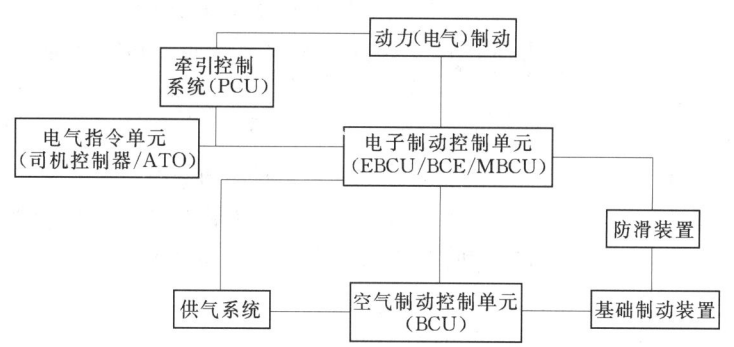

图 5-1 制动控制系统组成框图

一、电子制动控制单元

对过去的轨道车辆来说，电子制动控制单元是不存在的。因为那时的列车仅以压缩空气作为唯一的制动源而没有电气制动。电磁式制动机虽然采用电气指令控制，但它们只是通过司机制动控制器（电空制动控制器）进行励磁和消磁，从而控制列车制动或缓解，根本没有其他功能。

随着电子技术的迅速发展，特别是微机技术的发展，列车制动控制再也不靠司机的头脑判断了，而由微机综合列车运行中的所有参数，经过判断和运算，给制动系统发出精确的指令。以微机为中心的电子控制装置被称为电子制动控制单元（EBCU）、微机制动控制单元（MBCU）或制动控制电子装置（BCE）等。

电子制动控制单元的主要功能如下：

(1) 接收司机控制器或 ATO 的指令，与牵引控制系统协调列车的制动和缓解。设有紧急制动电路，当紧急制动指令发出时，列车能迅速调用全部空气制动能力实行紧急制动。

(2) 将接收到的动力（电气）制动实际值经 EP 转换，将电信号转换成为气动信号发送给空气制动控制单元。在保证电制动优先作用下，空气制动能自动进行列车制动力的补偿，将制动所需压力传递给基础制动装置，从而使列车制动力保持不变。

(3) 控制供气系统中空气压缩机组的工作周期，监视主风缸输出压力等参数。如果供气系统中某台设备发生故障，它能及时调用备用设备填补。

(4) 在列车制动过程中始终收集列车所有轮对速度传感器发来的速度参数，对轮对在制动中出现的滑行进行监视。一旦发现滑行，立即发出防滑信号并采取防滑措施。

(5) 对列车制动时的各种参数和故障进行监视和记录。故障记录可以在列车回库后用便携式计算机读出。

其实，电子制动控制单元从硬件上来说只是一台微机和一些输入输出设备，而更主要的是控制软件。制动控制程序软件的编制水平不断提高，使得电子制动控制单元的功能越来越完美。

近年来，列车网络通信已经成为车辆控制技术的新宠，电子制动控制单元也成为列车控制网络中的重要一环。集成电子技术越来越多地融入制动系统，机电一体化元件的出现，使电子制动控制单元、微机制动控制单元和制动控制电子装置等已经逐渐被机电一体化组合件智能阀、网关阀和远程控制阀等所替代。这些新的元件不仅保留并扩大了原先电子制动控制单元的所有功能，还能承担起网络通信的职能。例如，本书后面将介绍的 EP2002 制动系统，已经没有了独立的电子制动控制单元，而其功能已完全融入网络控制系统的新元件中了。

二、空气制动控制单元

空气制动控制单元是制动系统中电气制动和空气制动的联系点，也是电子、电气信号与气动信号的转换点。因此，在过去许多制动技术论述中将其称为中继阀或 EP 阀。

一般空气制动控制单元由各种不同功能的电磁阀和气动阀组成。虽然它们的详细内部结构不尽相同，但总不外乎由以下几种零部件构成。

(1) 内部有腔室及连通腔室大小通路的阀体。

(2) 控制腔室与各通路的活塞和阀门。

(3) 控制活塞和阀门的膜板、弹簧、顶杆和铁芯。

(4) 控制（吸引）顶杆和铁芯的电磁线圈。

(5) 与阀体内部大小通路相连接的输入、输出气管接头。

(6) 气-电或电-气转换元件。

空气制动控制单元组成部分根据各制造厂商的产品系列和电气指令的模式不同也有很大的不同，但基本上分为 EP 阀、中继阀和空重车调整阀等几种。下面我们对这些阀作些初步介绍。

(一) EP 阀

EP 阀又称为控导阀，也称为模拟转换阀。其实它主要是一个电-气转换阀。一般 EP 阀由电磁线圈、铁芯、顶杆和活塞等组成。当它的电磁线圈没有励磁时，铁芯和连杆落在阀底，通路阻断或通路与大气连通。当线圈励磁，铁芯被吸引上移，推动顶杆和活塞上移，通路与储风缸压力空气连通。如果励磁线圈电流增大，铁芯吸引力也增大，阀腔内形成的空气压力信号也相应增大；反之，励磁线圈电流减小，阀腔内形成的空气压力信号也相应减小。

从功能上来看，EP阀具有将一个电流信号转换成一个空气压力信号的功能，并且空气压力信号与励磁电流呈线性关系。

（二）中继阀

中继阀是对空气制动控制单元中最重要的电磁阀的统称。它的结构大都是上部是给排阀，下部是腔室。腔室中是活塞和膜板，活塞和膜板带动有空心通路的顶杆上下移动。有些中继阀的腔室大些，数量多些，活塞和膜板也多些，结构复杂一点。由于充气腔室的数量不同，活塞和膜板的截面积不同，因此共同作用在顶杆上的移动力也不同。经过电磁阀的励磁和消磁的不同组合，可以引起多个充气腔室充气或不充气的组合。这些组合造成输出通路会输出与预充气腔室压力相等的空气压力。

中继阀也是一个将电信号转换成压力空气的电磁阀，只是电信号的变化不是励磁电流的变化，而是通过电磁阀励磁线圈励磁和消磁状态的不同组合，将多个电信号输入转换成对应空气压力输出。此外，中继阀还具有气流放大的作用。北京地铁车辆使用的SD制动系统中的七级中继阀是最典型的中继阀，有关它的详细功能将在本书第九章介绍。

（三）空重车调整阀

空重车调整阀的作用是根据车辆载重的变化，即根据乘客的多少，输出一个空气压力信号，并通过中继阀使单元制动机风缸保持一个恒定的制动力。

空重车调整阀的输入是车辆二系弹簧（空气弹簧）的空气压力信号。考虑到车辆载重的不平衡，一般采取前后转向架对角的两个空气弹簧压力为输入信号，这样就能比较准确地使空重车调整阀的输出压力信号与乘客负载成一定比例关系。

由于电子技术的发展，现在许多空重车信号已经直接将空气弹簧压力转换成电子信号输入BCE或MBCU，空重车调整阀输出的空气压力信号在常用制动时根本不起作用。但是在紧急制动时，空重车调整阀输出的空气压力信号还是可以越过中继阀，对紧急制动起到限制冲动的作用。

从以上介绍中我们可以了解到，空气制动控制单元虽然是一个以气动元件和气路为主组成的系统，但它的控制不仅有腔室、膜板、活塞和弹簧等气动控制方式，而且有电磁线圈、铁芯和电-气转换元件等电气控制方式；给定值或预置量并不都是空气压力信号，也有电流值、电压值等模拟量，还有数字量（如电磁阀励磁线圈组合）。由于空气制动控制单元结构复杂、制作困难、维修成本高，而受到越来越多新的机电一体化元件冲击。与电子制动控制单元一样，空气制动控制单元也将被机电一体化元件所替代。

为了节约空间和减轻重量，现在空气制动控制单元都实现了集成化，即把所有的部件都安装在一块铝合金的气路板上，犹如电子分立元件安装在一块印刷线路板上一样，这样可以避免用管道连接而造成泄漏，同时元件所占空间也大大减少。这些空气制动控制单元还在气路板上装置了一些测试接口，如果需要测量各个控制点压力或风缸压力，只要在这块气路板上就可测得，这样日常的检修保养工作就很方便。如果空气制动控制单元在运营中发生故障，也可以将整个控制单元的气路板更换下来，列车可以马上重新投入运营，故障气路板则带回检修，处理故障和检修都很快捷。

上海地铁列车采用的 KBGM 制动控制单元就是这样的集成化空气制动控制单元。其工作原理框图和气路板布置如图 5-2 所示。

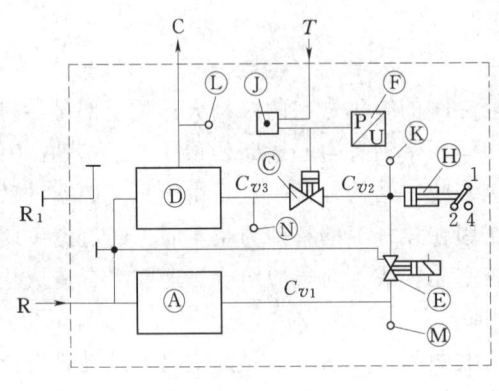 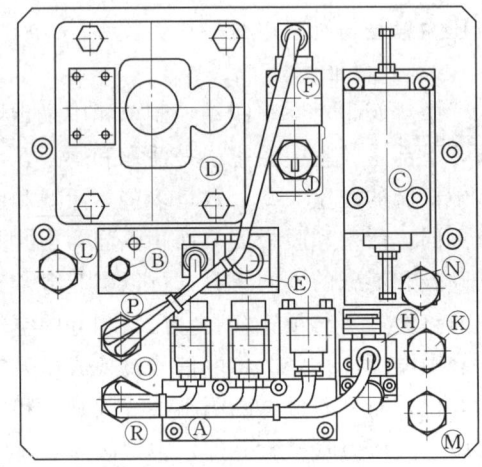

图 5-2 KBGM 制动控制单元原理框图和气路板布置

Ⓐ—模拟转换阀；Ⓒ—称重阀；Ⓓ—均衡阀；Ⓔ—紧急阀；Ⓕ—空气压力（由空气弹簧处引入、表示车辆负载）；T 的气-电转换器；Ⓗ—预控制压力 C_{v2} 的压力开关；Ⓙ、Ⓚ、Ⓛ、Ⓜ、Ⓝ—测量空气压力 T、C_{v2}、C_{v1}、C_{v3} 的接口；R—从制动储风缸来的压力空气；C—通各单元制动缸；T—负载压力（空气弹簧处来的压力空气）

三、电气指令单元

现代城市轨道交通车辆的制动系统无一例外地采用电气指令单元来快速、准确、可靠地传递司机控制器的指令。电气指令单元从根本上改变了传统上使用压力空气作为制动信号传递和制动力控制的介质。早期的城市轨道交通车辆也曾使用过电磁直通式空气制动机，司机通过控制器对每节车上的制动电磁阀和缓解电磁阀进行励磁和消磁，以控制直通管的空气压力使各车辆中继阀工作，最终获得制动缸压力。但是电气指令的产生非常简单，传递方式依靠有触点电器，准确性差，故障率也很高。随着电子技术的迅速发展，出现了新的电气指令传递方式，即采用电气指令控制线的方式。采用电气指令控制线的主要目的是：使列车制动、缓解迅速，停车平稳无冲动，缩短制动距离。采用这种方式的制动系统被称为电气指令制动控制系统。按指令方式分类，电气指令制动控制系统有数字式和模拟式两种。

（一）数字式电气指令制动控制系统

数字式电气指令制动控制系统是指 0 和 1 两个数字，在组成三位数字时，除 000 外，还有 001、010、011、100、101、110、111 共七组组合。这样的数字式指令实际上是使用三根常用制动电气指令线并通过对应的三个电磁阀各自得电（相当于 1）或失电（相当于 0）组成的组合，从而获得七档制动指令。因此，数字式指令实际上是开关指令的组合，属于分档控制。这样的分档制动指令通过具有多块气动膜板的中继阀的动作，使制动缸获得恒定的七级压力。如果采用更多的指令线，可获得更多的制动指令，但根据一般的经验或操作，七级制动档数已基本足够。

数字式电气指令制动控制系统操纵灵活，可控性能好。我国自行制造的北京地铁车辆使用的 SD 型制动系统即为数字式电气指令制动控制系统。

（二）模拟式电气指令制动控制系统

模拟式电气指令制动控制系统可以实现无级制动和连续操纵。常用的模拟电信号有电流、电压、频率和脉冲等，这些模拟量可以传递制动控制的信号。理论上，模拟式电气指令制动控制系统的操纵比数字式的更方便，但它对指令传递的设备性能要求较高。如果设备性能不能满足要求，其精度会下降，从而影响制动效果。

目前，上海地铁和广州地铁使用的电气指令制动控制系统即为模拟式电气指令制动控制系统。从司机控制器发出的指令经调制器转换为脉冲宽度信号（即采用脉冲宽度调制方法，简称 PWM），不同的脉冲宽度表示不同的制动等级。制动指令传递到每节车的微机制动控制单元。微机制动控制单元采集列车的运行速度和本车的负载量，对制动指令修正给出制动力值，并根据动力制动优先的原则，计算出所需补充的空气制动力的数值，用电气指令传送给电-空转换单元（EP 阀）。电-空转换单元向中继阀输出空气压力指令。中继阀起着压力空气流量放大的作用，它将足够的压力空气冲入制动缸，以实现不同等级的制动作用；或者将压力空气排出制动缸，以实现不同程度的缓解作用。

从目前趋势来看，城市轨道交通车辆采用脉冲宽度调制（PWM）的模拟式电气指令制动控制系统，应当是较为先进的列车制动控制系统。

第二节　制动控制策略

一、恒制动率控制

城市轨道交通车辆载客情况变化很大，无论空载、满载或超员，都应保证列车的减速度与司机制动命令相对应。因此，列车控制系统必须检测各节车辆的负荷重量，对应于各动车和拖车的负载重量变化而自动调整各级制动缸压力。在运行过程中，司机控制器的各制动级位都可保持恒定制动率，得到恒定减速度。

列车控制系统将每节车各个空气弹簧的压力信号由压力传感器变换为电压信号后，取平均值；按照满载和空载的极限值设置上下限界，作为车辆负载信号电压输出。

车辆负载信号与制动指令（级位）相乘得到对应于各车负载的制动力指令曲线，将一个动车组单元中的各动车（M）和拖车（T）制动力指令曲线相加、放大后作为需求制动力指令曲线送入列车控制系统，就能实现恒制动率控制。

二、空气制动滞后控制

实现指令减速度目标，列车编组内的各车有多种分担制动力的方法。过去一般采用的控制方法就是各节车各自承担自己需要的制动力，即均匀制动方式。采用这种控制方式，拖车所需的制动力将全部由自己的空气制动系统承担，拖车的闸瓦磨耗要比有电气制动的动车快得多。

随着近年来逆变控制的三相感应电动机牵引系统（VVVF）的大量应用，由于三相感应电动机优良的自身再黏着特性，使黏着系数的期望值大大提高，即可以最大限度地使用电制动力而不会发生滑行。因此，各节车在分担制动力时，在其利用黏着不超过限制的范围内,提高动车的制动力而减少拖车的制动力,以实现最大利用动力制动的目的。所以,采用VVVF控制或斩波控制的列车,可以取较高的期望黏着系数,在不超过黏着限制的范围内充分利用动车的电气制动力,不足部分再由拖车的空气制动力补充,这样可以节约能源,降低拖车机械制动的磨耗。这种控制方式称为空气制动滞后控制。

(一) 拖车空气制动滞后补充控制

拖车空气制动滞后补充控制方式即拖车所需制动力先由动车的再生制动力承担,然后根据电-气联合制动运算,不足部分的制动力也先由动车的空气制动力补充。

这样,动车的空气制动力和再生制动力都承担了一部分拖车所需的制动力。但再生制动力的设定不能超过空气制动力的黏着限制,因为再生制动力可达到的黏着系数比空气制动力可达到的黏着力高得多。由于存在着这一制约,再生制动力的设定不能过高。动车不足以承担的拖车所需的制动力仍由拖车的空气制动力承担。一个以"两动一拖"(2M1T)为单元动车组的空气制动滞后控制方式如图5-3所示。

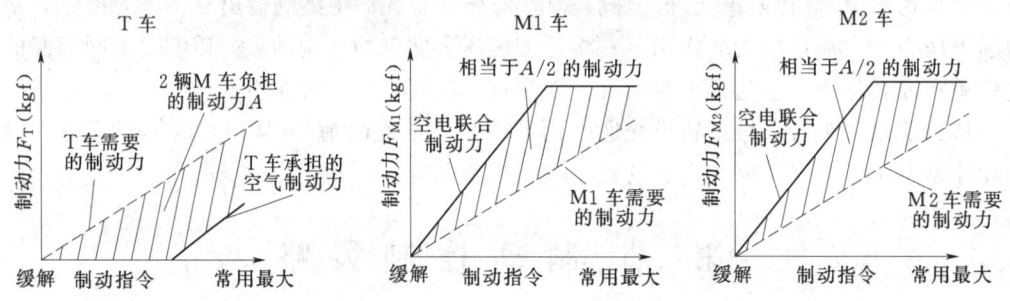

图5-3 "两动一拖"编组的拖车空气制动滞后补充控制方式
1kgf=9.80665N

(二) 拖车空气制动优先补足控制

拖车空气制动优先补足控制方式也是拖车所需制动力首先由动车的电气制动力承担,但当再生制动力不足时,首先由拖车的空气制动力来补充,再不足时才由动车的空气制动力补足。当再生制动失效时,动车、拖车空气制动均起作用。

在这种控制方式下,动车的空气制动力不会超过本节车自己所需的制动力,也就是说,空气制动力的黏着利用不会超过黏着限制,单纯再生制动力的设定可以比较高。因此,在拖车空气制动优先补足控制方式下,动车的再生制动力可以承担的拖车制动力比拖车空气制动滞后补充控制方式更高,节能效果更好。直流斩波调速和交流变频调速的城市轨道交通车辆都可以采用拖车空气制动优先补足控制方式。采用这种方式的"一动一拖"(1M1T)单元动车组特性如图5-4所示。

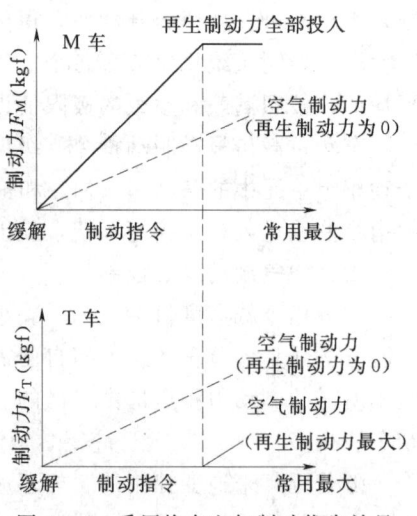

图5-4 采用拖车空气制动优先补足控制方式的"一动一拖"车组特性

其制动力控制状态如图 5-5 所示，制动作用如图 5-6 所示。

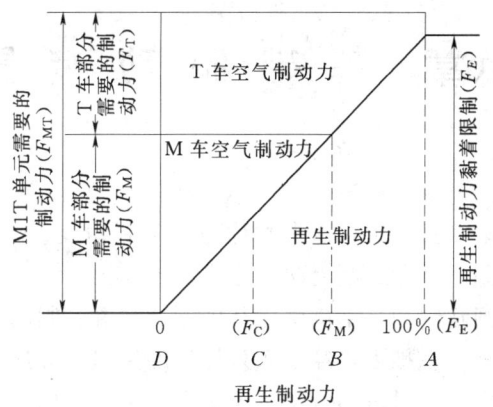

再生点	M 车制动力		T 车制动力	备注
	再生制动力	空气制动力		
A	F_E	开始投入	$F_{MT}-F_E$	利用再生高黏着
B	F_M	开始投入	F_T	
C	F_C	F_M-F_C	F_T	
D	0	F_M	F_T	MT车均匀空气制动

图 5-5 "一动一拖"车组制动力控制状态

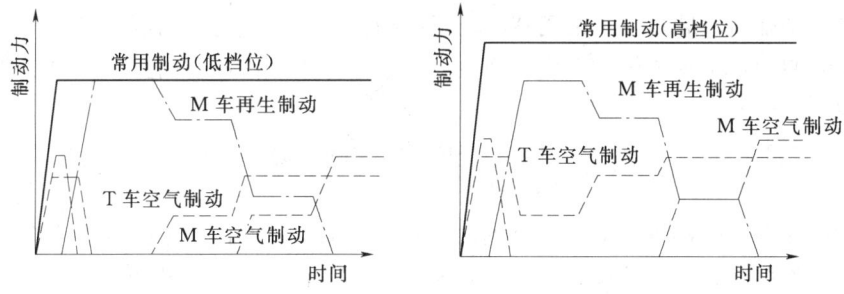

图 5-6 "一动一拖"车组制动作用

第六章 基础制动装置

空气制动系统中的制动执行装置，通常被称为基础制动装置。根据制动方式的不同，基础制动装置主要有闸瓦制动和盘式制动两种形式。

铁路车辆上最简单的闸瓦制动是单侧闸瓦基础制动装置。制动时，制动控制装置根据制动指令使制动缸活塞推杆产生推力，经一系列杆件的传递、分配，使每块闸瓦都紧贴车轮踏面。车轮踏面与闸瓦之间相对滑动，产生摩擦力，再通过轮轨关系转化为轮轨之间的制动力。缓解时，制动控制装置将制动缸内压力空气排出，制动缸活塞在缓解弹簧的作用下退回，通过杆件带动闸瓦离开车轮踏面。在这种基础制动装置中，一个制动缸可以通过各种杆件带动八块闸瓦，对一节车进行制动作用。

由于一般城市轨道交通车辆（如地铁车辆）的车体底架下安装的设备较多，没有很大的空间来安装类似于上述的基础制动装置，因此大多数城市轨道交通车辆采用单元制动机。单元制动机和基础制动装置的制动方式完全一样，只是执行对象数量少些。它们之间各有特点：基础制动装置由于采用杠杆联运机构，所以各个轮对的制动力均匀，同步性良好；而单元制动机是单个供气动作，轻便灵活，体积小，占用空间少，灵敏度高。

第一节 单元制动机

一般单元制动机都将制动缸传动机构、闸瓦间隙调节器以及悬挂装置连在一起，形成一个紧凑的作用装置。有的单元制动机做成立式的，有的则做成悬挂式的，这主要取决于安装方式的不同。

上海地铁车辆目前使用较多的是由德国克诺尔制动机厂生产的单元制动机。每个转向架上装有四个单元制动机，分别对四个车轮进行制动。单元制动机分为两种型号：一种为PC7Y，另一种为PC7YF。它们的结构基本一致，只是PC7YF型多了一个弹簧制动器（又称为停放制动器），主要用于车辆停放制动。下面以PC7Y型和PC7YF型单元制动机为例，说明单元制动机的构造和功能。

一、PC7Y型单元制动机

PC7Y型单元制动机（见图6-1）由闸缸、活塞、杆杠、活塞弹簧、闸瓦间隙自动调整器、吊杆、扭簧、闸瓦托、闸瓦和壳体等组成。

制动时，单元制动机的制动缸内被充入压力空气，推动活塞移动并转变为活塞杆的推力。活塞杆带动增力杠杆围绕安装在壳体上的销轴转动。由于增力杠杆的增力比为1∶2.85，所以该推力通过杠杆使力扩大近3倍后传递给闸瓦间隙自动调整器外壳，再传到主轴，最后传给闸瓦。缓解时，制动缸内的压力空气被排出，制动缸缓解弹簧和扭簧将主轴和活塞恢复原位,整个单元制动机恢复缓解状态。

由于闸瓦是一个磨耗件,所以经过一定时间的运行,闸瓦与车轮踏面之间会出现间隙,这对摩擦制动效率影响极大。对于闸瓦与踏面之间产生的间隙,不可能采用人工的方式去检测或调整。因此,单元制动机都带有一个闸瓦间隙自动调整器。闸瓦间隙自动调整器的工作原理比较复杂,下面作一些简单的介绍。

闸瓦间隙自动调整器由调节套筒、大螺距非自锁螺杆($t=28mm$)、推力螺母、联合器螺母、行程限位套、预紧力弹簧和滚针轴承等组成(见图6-2)。

当骑跨在调节套筒上的杠杆通过调节套筒两侧的销轴带动调节套筒一起向车轮踏面方向(该方向即为闸瓦制动时的前进方向)运动时,行程限位套上两侧镶嵌在调节套筒两侧长槽中的销轴首先受到外壳止挡环的阻挡而停止向前,而闸瓦间隙自动调整器的其他部件尚未受到阻

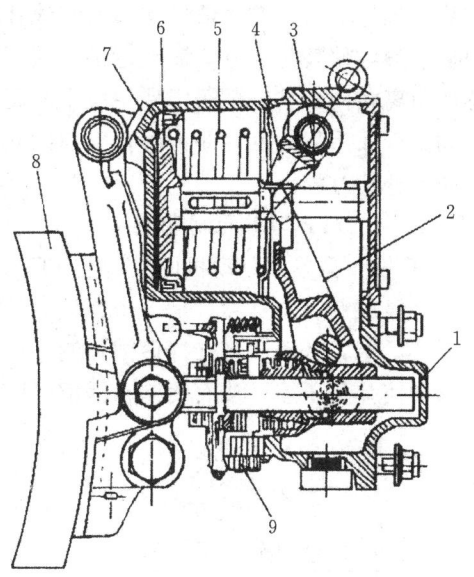

图6-1 PC7Y型单元制动机
1—制动缸缸体;2—传动杠杆;3—安装在制动缸缸体上的枢轴;4—手制动杠杆;5—缓解弹簧;
6—活塞;7—扭簧;8—闸瓦;
9—闸瓦间隙自动调整器

挡还在继续向前。这时行程限位套前端与联合器螺母相啮合的一副伞形离合器开始脱离,而调节套筒继续推动推力螺母前进。此时若闸瓦与车轮踏面有间隙,制动杆继续前进,联合器螺母则会在弹簧和滚针轴承作用下发生转动,在大螺距非自锁螺杆上向后移动,直到闸瓦与车轮踏面紧贴,制动杆停止前进,联合器螺母重新与行程限位套啮合而停止转动。当制动缓解时,制动缸活塞复位弹簧与扭簧使杆杠又带动闸瓦间隙自动调整器的调节套筒向后运动。当制动杆受行程限位套和联合螺母啮合不能再后退时,调节套筒继续后退,并

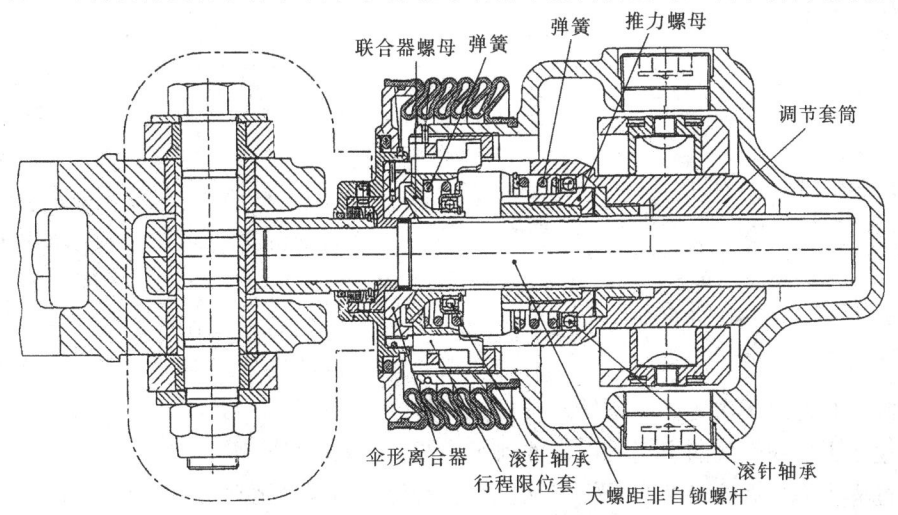

图6-2 闸瓦间隙自动调整器

与推力螺母分离，推力螺母在弹簧和滚针轴承的作用下发生转动，在大螺距非自锁螺杆上向后移动，使其与调节套筒及连接环重新紧密啮合。推力螺母后退的距离与联合器螺母后移的距离相同，它们之间仍保持原来的距离，只不过两个螺母在制动螺杆上的位置都向后移动了，而后移的距离即为闸瓦磨损的间隙。这样，单元制动机自动完成了一次闸瓦磨损间隙的补偿过程。

二、PC7YF型单元制动机

PC7YF型单元制动机的结构与PC7Y型单元制动机完全一样，只是多了一个停放制动器。停放制动器实际上是一个弹簧制动器，是利用释放弹簧储存的弹性势能来推动弹簧制动缸活塞，带动两级杠杆使闸瓦制动的。而它的缓解则需要向弹簧制动缸充气，通过活塞移动使弹簧压缩，从而使制动缓解。弹簧制动器一般也是用电磁阀来控制其充气和排气的。因此，司机可以在驾驶室内控制停车制动。如图6-3所示，PC7YF型单元制动机的弹簧制动器（停放制动器）是由气缸、活塞、双锥形弹簧、螺杆、螺套、定位销、弹簧盘（共两个，其中一个外圈为方齿圈）、导向杆、杠杆、平面轴承和机壳等组成。

弹簧制动器的停车制动和缓解过程如下：当压缩空气从F口进入停放制动器的制动缸，其活塞被推右移，安装在活塞内的双锥形弹簧受压缩，而活塞中心线上的螺杆及螺套也被推动向后运动，但很快螺杆被机壳抵住不能再运动，因为螺套与机壳的距离很小。这时活塞在制动缸中还有很大一段活动距离，还在继续向前压缩锥形弹簧。由于中间的螺杆也是大螺距非自锁螺杆，只要外界有推力，螺杆就能自动旋入螺套内而保持活塞继续压缩锥形弹簧。当锥形弹簧被压缩到位后，活塞才停止运动。在活塞和螺杆向右运动时，与螺套尾部相连的杠杆顺时针转动，其另一端将常用制动的活塞杆向左推，使单元制动机处于制动缓解状态。

当停放制动缸排气时，活塞在锥形弹簧的弹力作用下向左运动，螺套及螺杆也向左移动，带动杠杆逆时针转动，使常用制动的活塞杆向右推，单元制动机处于制动状态。因为停放制动器在制动状态时不需要压缩空气，仅靠弹簧的弹力就能使单元制动机产生制动作用，所以可以用于无压缩空气的车辆（停放的列车一般都切断电源，因此空气压缩机停止工作）。但在此过程中为什么这个非自锁螺杆又会不转动而带动螺套运动呢？这是因为弹簧盘与螺杆头部之间存有一副锥形离合器，当弹簧盘被活塞带动向左运动时，锥形离合器就合上

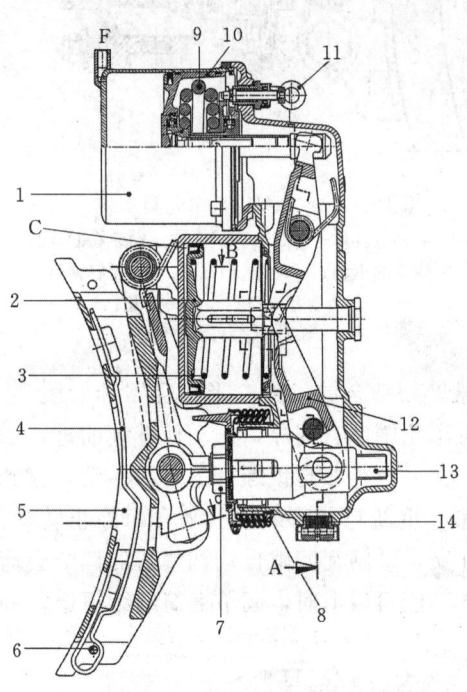

图6-3 PC7YF型带弹簧制动器的单元制动机

1—弹簧制动器；2—制动缸活塞；3—缓解弹簧；4—锁紧簧片；5—闸瓦；6—开口销；7—调整螺母；8—皮腔；9—弹簧制动器的弹簧；10—弹簧制动器的活塞；11—紧急缓解拉环；12—杠杆；13—闸瓦间隙自动调整器的推杆；14—滤清器；F—压力空气向弹簧制动器充气时的接口；C—压力空气向制动缸充气时的接口

了，使弹簧盘与螺杆之间不能有相对的转动。此外，弹簧盘与锥形弹簧是紧配合，所以只要弹簧盘不转动，锥形弹簧就不会转动。这时我们再看一下锥形弹簧的另一端，另有一个弹簧盘套在制动缸盖的导向管上，它们之间是动配合。两个弹簧盘的外侧都装有平面推力轴承，因此整个锥形弹簧组件是可以灵活转动的。但在缸盖一侧的弹簧盘上带有一圈矩形齿，有一个安装在外壳上的定位销正好插在矩形齿轮中，使弹簧盘不能转动，因此整个锥形弹簧组件也就不能转动。所以，在制动缸排气时活塞能带动整个锥形弹簧组件向左运动，从而带动杠杆逆时针转动，实现弹簧力制动。

如前所述，只要向停车制动缸充气，就可以完成停车制动的缓解（释放）了。停车制动的缓解可以在驾驶室内由司机操作。

停车制动的缓解也可以由人工操作。列车在进行检修作业时，总风缸内一般无压缩空气，车辆是被弹簧制动锁住的。若需移动车辆，必须将停放制动释放。这时可将插在弹簧盘矩形齿轮内的定位销用专门工具拔出，即可使弹簧制动缓解。这是因为锥形弹簧组件在平时制动或缓解中被定位销锁住不能转动，一旦定位销被拔去，锥形弹簧组件即可自由转动并伸长，同时带动螺杆旋转并将螺套向右移动。螺套的右移使杠杆顺时针转动，推动常用制动缸活塞杆向左移动。这时，常用制动的活塞复位弹簧及吊杆扭簧也共同发挥作用，使两杠杆都对主制动杆产生向右移动的力，停车制动得到释放。

弹簧制动器经人工缓解后不会自动复位。若要复位也很简单，只需向弹簧制动缸充一次气，锥形弹簧重新被压缩，定位销将弹簧盘锁住后即可。

目前，大部分采用 PC7Y 型和 PC7YF 型单元制动机的地铁或轻轨转向架，两台带弹簧制动器的 PC7YF 型单元制动机在转向架上是呈对角线布置的，可以分别对两个轮对进行停车制动。另一个呈对角线布置的是两台 PC7Y 型单元制动机。

第二节 闸 瓦

一、闸瓦的分类

闸瓦是指制动时，压紧在车轮踏面上以产生制动作用的制动块。

由于城市轨道交通车辆是从铁路车辆演变过来的，与铁路车辆有太多的联系，因此闸瓦也是基本上沿用铁路车辆的闸瓦。铁路上最基本和最大量使用的就是铸铁闸瓦，但是铸铁闸瓦的摩擦系数在高速时仅 0.1 左右，而在低速时却达到 0.4 以上，与轮轨黏着系数不匹配，制动效能很低，尤其在长坡道连续制动时，易发生高温熔化，从而造成轮对抱死、轮轨擦伤以及火灾事故。因此，必须以一种性能更好的材料来替代铸铁闸瓦。为解决这个矛盾，前苏联早期的地铁列车和市郊动车，曾采用木质（桦木）闸瓦，以后发展到层压木闸瓦。在 20 世纪 50 年代，美国的柯勃拉（COBRA）、英国的菲洛杜（FERODO）以及前苏联的 6KB—10 合成闸瓦先后研制成功。据说这些闸瓦的优点是摩擦系数高，受速度影响小，耐磨，不伤车轮，等等。在 60 年代后期，世界上渐渐出现了能与铸铁闸瓦互换的低摩擦系数合成闸瓦，此后其发展逐渐加快，目前合成闸瓦已经得到了广泛的使用。1973 年，苏联在全部客货车上使用 8—1—66 合成闸瓦（这种闸瓦已对早期的 6KB—10 合成闸瓦作了改进）。1974 年，美国所有新造列车全部采用合成闸瓦。日本也在积极推广高、中、低摩擦系数的合成闸瓦。据报道,日本可以按用户要求任意调整合成闸瓦的摩擦系数。西欧铁路联盟新造的联运货车有20%采用高摩擦系数合成闸瓦,既有参加联盟各国自行制造的,也有购买美国柯勃拉和铁锚牌合成闸瓦的。

综上所述,轨道车辆上使用的闸瓦基本上分为两大类,即铸铁闸瓦和合成闸瓦。在铸铁闸瓦中,又可分为中磷铸铁闸瓦和高磷铸铁闸瓦。在合成闸瓦中,按其基本成分,可分为合成树脂闸瓦和石棉橡胶闸瓦;按其摩擦系数高低,又可分为高摩擦系数合成闸瓦和低摩擦系数合成闸瓦(简称高摩合成闸瓦和低摩合成闸瓦)。中磷铸铁闸瓦、高磷铸铁闸瓦和低摩合成闸瓦,称为通用闸瓦,可互换使用(不用改变基础制动装置的结构)。

二、铸铁闸瓦

高磷铸铁闸瓦与中磷铸铁闸瓦相比,主要是提高了含磷量。中磷铸铁闸瓦的含磷量为0.7%~1.0%,高磷铸铁闸瓦的含磷量为10%以上。高磷铸铁闸瓦的耐磨性比中磷铸铁闸瓦高1倍左右。

使用实践表明,高磷铸铁闸瓦的使用寿命约为中磷铸铁闸瓦的2.5倍以上。高磷铸铁闸瓦还有一个优点,就是制动时火花少。铸铁闸瓦的摩擦系数是随含磷量的增加而增大的,因此高磷铸铁闸瓦的摩擦系数大于中磷铸铁闸瓦。但含磷量过高,将增加闸瓦的脆性。试验证明,当含磷量超过1.0%时,闸瓦如不加钢背,便有裂损的可能,所以高磷铸铁闸瓦需采用钢背补强。

三、合成闸瓦

合成闸瓦是以树脂、石棉、石墨、铁粉和硫酸钡等材料为主热压而成的闸瓦。

(一)合成闸瓦的优点

合成闸瓦与铸铁闸瓦相比,具有以下优点:

(1) 摩擦性能可按需要进行调整。合成闸瓦的摩擦性能可根据需要,用改变、调整配方和工艺的办法获得较为理想的效果,从而可以充分地利用轮轨间的黏着系数。

(2) 耐磨性能好,使用寿命长。合成闸瓦的耐磨性能好,使用寿命一般为铸铁闸瓦的3~10倍。

(3) 对车轮踏面的磨耗小,可延长车轮使用寿命。

(4) 重量轻。合成闸瓦的重量一般只为铸铁闸瓦重量的1/2~1/3。

(5) 可避免磨耗铁粉的污损及因制动喷射火星而引起的火灾事故。铸铁闸瓦的磨耗铁粉,不仅会污损车辆的电气设备,而且在制动过程中产生的红铁粉(在较长距离和较大坡度的坡道区段更为严重)喷射出来,容易引起火灾。合成闸瓦制动时没有或很少有磨耗铁粉飞散,从而能防止火灾事故,并减轻对电气设备的不良影响。

(6) 摩擦系数比较平稳并能保证有足够的制动力。铸铁闸瓦在高速制动时摩擦系数较小,可能造成制动力不足,而在低速特别是接近停车时,其摩擦系数又上升较多,很容易引起列车的纵向冲动,甚至造成滑行而擦伤车轮。而合成闸瓦具有摩擦系数比较平稳的特性,在高速时,摩擦系数值变化较小,故仍能产生足够的制动力,在速度降低时摩擦系数值增加不大,故能使停车平稳,提高旅客乘坐的舒适度,减轻或防止设备的损坏。

(二) 合成闸瓦的结构

合成闸瓦由于其材料本身强度小,必须在其背部衬压一块钢板(钢背)来增加它的抗压强度。整个合成闸瓦由钢背和摩擦体两部分组成,如图6-4所示。钢背内侧开有槽或孔,用以提高摩擦体与钢背的结合强度。低摩合成闸瓦钢背两端的中间部分制成凸起的挡块,两侧低平,以便与闸瓦托的四爪相结合,钢背外侧中部装有用钢板焊制成的闸瓦鼻子,其外形和中磷铸铁闸瓦相同。由于高摩合成闸瓦的摩擦系数大,因此不能与通用闸瓦互换使用。为了防止混淆,将高摩合成闸瓦钢背两端的中间制成低平,两侧凸起,正好与低摩合成闸瓦相反,钢背内侧还焊有加强筋,以增加钢背的刚度。为了增加散热面积和避免闸瓦裂损、脱落,合成闸瓦摩擦体的中部压成一条或两条散热槽。

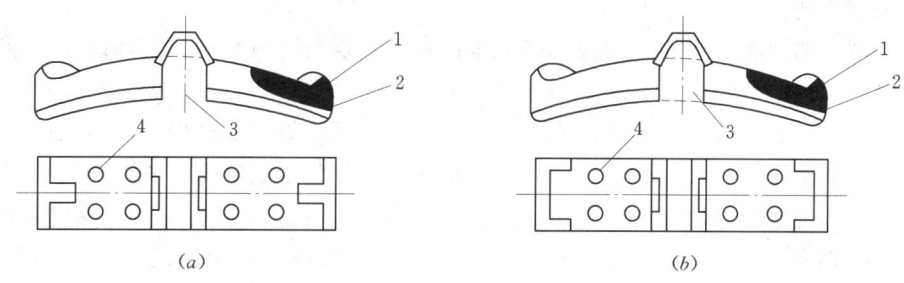

图6-4 合成闸瓦
(a) 低摩合成闸瓦;(b) 高摩合成闸瓦
1—钢背;2—摩擦体;3—散热槽;4—冲孔

(三) 合成闸瓦的制作材料和工艺

闸瓦制动是依靠闸瓦与车轮踏面的相互摩擦来消减列车的动能而产生制动作用的。因此,闸瓦的材料及其性能(主要是摩擦性能和对摩擦制动的效率)将直接影响到制动装置的构成和制动的效果。例如,铸铁闸瓦的摩擦系数在低速时急遽增高,所以要求高速列车制动机必须具有速度压力调节装置,以便当速度变化时能够自动地调节闸瓦压力,否则闸瓦将会被烧熔,车轮踏面也将受到很大的损伤。对于摩擦系数比较稳定的合成闸瓦,虽然不需安装速度调节装置,但是由于它目前还存在着降低轮轨间黏着系数的缺点,因而必须加装防滑装置,以防列车在制动时车轮打滑。而且,闸瓦是一种磨耗量很大的消耗性零件,因此要求闸瓦具有良好的耐磨特性,这也是一项重要的指标。此外,由于闸瓦与车轮踏面是一对摩擦副,闸瓦的摩擦特性不仅对闸瓦本身有影响,而且对车轮踏面也有很大影响,这就要求闸瓦性能不会使车轮踏面发生热裂及不正常的磨耗而产生下凹等情况。因此,对闸瓦的成分、材质、形状和硬度等,都必须有严格的要求。更何况地铁列车的频繁制动(大约每2分钟制动一次),因此地铁闸瓦使用工况的恶劣程度是其他任何交通工具所无法比拟的。

合成闸瓦的发展经历了从有石棉到无石棉的过程。由于合成闸瓦属于由基体材料(树脂)、增强纤维和摩擦性能调节剂组成的三元复合材料,既是功能材料,又是结构材料,不仅涉及摩擦学,而且涉及高分子化学、高分子物理学、界面化学和金属矿物学等领域,所以能研制出摩擦性能和物理性能好的闸瓦,对充分利用摩擦系数和轮轨黏着系数提高制动效率有重要意义。

低摩合成闸瓦具有与铸铁闸瓦可互换的优点,但是它的结构成分中含有大量的润滑材料,与车轮踏面接触后会遗留在车轮踏面上,再传递到轨面上,导致轮轨间黏着系数明显下降,因此无法用于重载、高速的列车。

高摩合成闸瓦与低摩合成闸瓦相比,摩擦系数高,对轮轨黏着系数的影响较小,因此提高了制动效能。但是高摩合成闸瓦的增强纤维原先都选用石棉。随着石棉的危害日益受到人们的关注,1988年美国环保局颁布了对石棉制品的禁令,我国也在2000年颁布了对石棉的禁令。世界发达国家的高摩合成闸瓦均改用符合环保要求的增强纤维,例如碳纤维、钢纤维、玻璃纤维和有机纤维。上海地铁车辆使用的德国原装闸瓦——JURID836闸瓦就是无石棉闸瓦。

合成闸瓦的成分,目前见到的几乎全是由树脂、铁粉、减摩剂、石棉以及稳定剂合成的。其中的关键成分是树脂、减摩剂和稳定剂。树脂是黏结材料,一般是酚醛树脂,但实际上是由酚醛树脂经过一定的改性聚合的,例如日本用腰果壳油改性。改性以后的酚醛树脂,可以降低闸瓦的杨氏弹性模数,从而降低车轮踏面的最高温度。所谓最高温度,是指车轮踏面上出现的热斑温度,这是由于闸瓦局部与车轮踏面接触所产生的瞬时局部高温。闸瓦杨氏弹性模数降低后,闸瓦变软,使它与车轮踏面的接触面能吻合良好,这样就可以改善闸瓦和踏面发生局部高温的情况。树脂改性也可以在酚醛树脂中加入丁腈橡胶或其他树脂。腰果壳油可能使改性后的酚醛树脂特性更好一些。铁粉的作用是调节摩擦系数与速度之间的关系。减摩剂则用于降低闸瓦摩擦系数。目前,我国采用石墨做减摩剂,但石墨含量过多会大幅度降低轮轨间的黏着系数。滑石粉与锡粉也可以作为减摩剂,只是价格可能高了一些。用于稳定摩擦系数的稳定剂,目前国内尚未研究,所以国产合成闸瓦在高温或低温时的差别就很大。由于闸瓦摩擦系数不稳定,容易造成列车在制动过程中打滑。

合成闸瓦生产过程中的热处理与合成闸瓦的耐磨性也有很大的关系。有些合成闸瓦不耐磨,原因是生产时压制时间不足,如果在压制时,经过一定时间的热处理后,耐磨性能就有了显著的提高。合成闸瓦容易发生金属镶嵌,这个问题与车轮踏面的瞬时局部高温有关。降低闸瓦杨氏弹性模数后,局部高温有所下降,可能解决这一问题,同时车轮踏面的热裂也可以减少。当然,车轮踏面热裂和闸瓦摩擦面上金属镶嵌的发生,与车轮材质也有一定的关系。

由此可见,影响闸瓦摩擦性能的因素是很多的,在制造工艺方面,有材质成分、压制时间、热处理温度和外形尺寸等;在使用方面,有运行速度、制动初速、表面沾水和制动缸压力等。

(四) 合成闸瓦的缺点

虽然合成闸瓦具有很多优点,但它对车轮也有很大的影响,主要有以下几种情况:

(1) 热龟裂。由于闸瓦与车轮的接触不良,因而在车轮踏面上产生局部过热,形成热斑点,在个别情况下会发生热龟裂。

(2) 车轮的沟状磨耗。在制动频繁的区段上使用合成闸瓦会使车轮温度升高。车轮踏面呈现有沟状磨耗,这是由于合成摩擦材料局部摩擦热膨胀引起的。温度越高时,这种磨耗在车轮踏面的外侧越容易发展。沟状磨耗是闸瓦横向摩擦造成的。研究制动时的踏面温度分布,便可以判断车轮踏面容易发生沟状磨耗的位置。

(3) 车轮的凹形磨耗。在冬季积雪地区使用合成闸瓦时,会发生这种磨耗。这是由于水介入到闸瓦摩擦表面所引起的。

除上述现象外,合成闸瓦对车轮踏面造成的常见的影响有毛细裂纹、热裂纹、滑行裂纹和踏面剥离等。

第三节 盘式制动

闸瓦制动的结构虽然简单可靠,但其制动功率不大。特别是高速列车在电制动故障时,必须完全依靠空气摩擦制动使车辆停下来,这样大的制动功率会使闸瓦熔化,车轮踏面过热剥离或热裂,这些都会危及行车安全。因此,必须计算在故障情况下的制动热容量。当热容量超过一定标准极限,就不能使用闸瓦制动装置,必须采用较大制动功率的盘式制动了。

盘式制动装置一般由单元制动缸、夹钳装置、闸片和制动盘等组成。制动时,制动缸活塞杆推出,制动缸体和活塞杆带动两根杠杆,通过杠杆和支点拉板组成的夹钳,使闸片同时夹紧制动盘的两个摩擦面,产生制动作用。盘式制动装置按其安装形式的不同,可分为轴盘式和轮盘式。在转向架空间位置较大的情况下,一般采用轴盘式制动装置(见图6-5)。

制动盘以某种形式固定在车轴上:通常是把盘毂用过盈配合压装在车轴上,再把制动盘用螺栓紧固在盘毂上。一根车轴可布置2~4个制动盘。当轴盘式制动装置无安装空间时,就只能采用轮盘式制动装置。轮盘式制动装置如图6-6所示,制动盘与过渡钢盘径向连接,过渡钢盘用螺钉安装在车轮轮毂上。

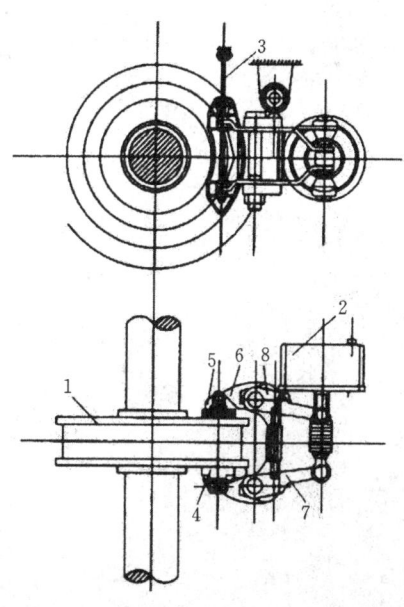

图6-5 克诺尔盘式制动装置
1—制动盘;2—单元制动缸;3—吊杆;
4—闸片;5—闸片托;6、7—杠杆;
8—支点拉板

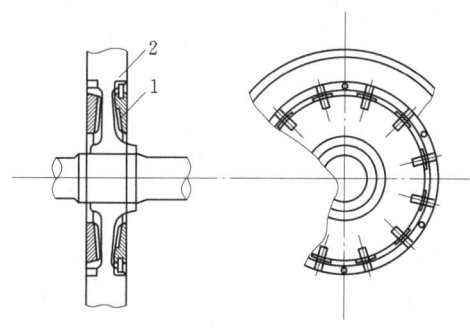

图6-6 轮盘式制动装置
1—过渡钢盘;2—制动盘

制动盘的材料有铸铁、铸钢和锻钢等,闸片采用合成材料、粉末冶金等各种材料。城市有轨车辆一般采用铸铁盘和合成闸片。对合成闸片材料的选择,除了要满足制动摩擦性能的要求外,还必须考虑摩擦产生的粉末对环境污染的影响。对车速较高的城郊有轨车辆,如果超过每小时160km或更高,可增加制动盘的数量,来满足高速制动的要求。如果增加制动盘数量有困难,则可通过改变制动盘和闸片的材料,如选择钢盘、粉末冶金闸片来满足制动要求。

盘式制动装置代替闸瓦制动装置，没有了闸瓦对车轮踏面的摩擦，因此不存在对踏面的烧损，也减少了车轮的磨耗。盘式制动的设计可以通过计算选择制动盘和闸片的材料，使制动配合获得较高的摩擦系数和最佳的制动效果。盘式制动的最大优点是散热性好，因此摩擦系数稳定，制动力恒定，热容量大，允许其具有较大的制动功率。这对于城市轨道交通车辆运行时速度高、载客多、启动制动频繁的行车特点，更具有安全保障作用。但是，盘式制动代替闸瓦制动后，使轮轨间的黏着系数有所下降，这是它的最大缺点。

第七章 防滑原理和防滑控制

当前，城市轨道交通车辆正朝着安全性、高速性和舒适性的方向发展。城市轨道交通车辆的高速性促进单轴牵引功率和制动功率不断提高。动力制动和强力制动装置的采用，带来了因制动力过大而导致列车制动滑行的倾向。列车制动滑行会产生普遍的轮轨发热、轮轨擦伤现象，严重时还会使线路失稳，产生所谓的胀轨跑道事故。因此，有效地防止列车制动滑行极为重要。本章我们将了解和探讨防滑原理和防滑控制。

第一节 防滑控制的必要性

人们对防滑的研究除了上述原因外，还基于以下一些原因：

(1) 制动黏着系数是车辆制动设计的基本参数之一。制动黏着系数的测试研究结果表明，对应某一运行速度的黏着系数是一组正态分布随机变量。我们选取的某一个确定值，实际是指其5%打滑率的值。因此，只能保证车辆轮对不会滑行的几率为95%。

(2) 低速制动的黏着系数离散度比较大是我国制动黏着系数分布的特点之一。在50km/h以下的低速段，一般是列车进站和出站的区段。站台两侧轨面状态比较复杂，轨面污染比较严重是造成黏着系数离散比较大的主要原因。从制动黏着系数测试结果可知，有时站台两侧测得的黏着系数甚至比速度为120km/h时的黏着系数还要低。因此，列车在低速段的车轮滑行和擦伤的问题是很突出的。

(3) 车轮踏面擦伤问题一直困扰运营部门，虽然长期以来也采取了很多措施，试图来降低车轮踏面擦伤事故，但收效甚微，其根本原因就是在列车制动过程中，制动力的设定基本上是一个定值，而黏着系数是变化的，黏着力不可能总是大于制动力，一旦遇到低黏着的情况，制动力超过黏着力，车轮便产生滑行，甚至可能造成车轮踏面擦伤。

(4) 城市轨道交通车辆一般都在较高的速度下行驶，一旦出现车轮踏面擦伤，其危害随运行速度的提高而增加。因为车轮踏面擦伤造成的车轮踏面不圆或凹坑会产生对轨面的垂向冲击，而且车轮垂向冲击加速度会随着运行速度的提高而加剧。它降低了乘坐舒适性，使轴承发热，轨道受损，严重危及行车安全。

总之，车轮踏面擦伤的根本原因在于列车制动过程中制动力超过黏着力。而这种可能性无论是在高速段还是在低速段均有可能发生。随着列车运行速度的提高，车轮踏面擦伤所造成的后果将更具危险性。解决这一问题的途径就是加装防滑器或防滑系统。防滑器或防滑系统能够控制车辆制动过程中的制动力，使它小于并接近即时的黏着力。

第二节 防滑控制技术的发展

防滑器是防止列车因制动力过大或某种原因使黏着系数下降而造成车轮抱死使车轮在钢轨滑行的装置。这种装置也经历了由简到繁，再由繁到简的发展过程。

一、防滑装置的发明

最初人们发现，由于制动强度过大，车轮踏面上会摩擦出一些小平面，被称为平面现象。小平面产生后，车轮就不能平稳地旋转，而产生很大的震动和噪声。1908年，J. E. Francis 设计了一种最初的防滑装置，把它装到机车上后，意外地发现制动距离也减少了。1936年，德国 Robert Bosch 公司取得了 ABS（Anti lock Braking System）的专利权。ABS 是由装在车轮上的电磁式转速传感器和控制液压的电磁阀组成的。当制动液压力上升、车轮抱死时，转速传感器的输出为零，电磁阀动作，关闭制动液进口，使制动液压降低；制动缓解后车轮再次旋转，转速传感器的输出不为零，电磁阀动作，打开制动液进口，液压随之上升，再次对车轮制动。1948年，美国的 Westinghouse Air Brake 公司开发了铁路机车专用的 ABS 装置。该装置利用安装在车轴上的转速传感器测出车轴的减速度（用飞轮控制检测开关），然后使电磁阀动作，控制制动空气压力，防止车轴磨损。

二、国内外防滑系统研究现状

防滑装置经历了不断发展进步的过程。早期的列车防滑器为机械离心式或电气混合式结构。我国铁路在20世纪60年代也曾采用过电气混合式结构的列车防滑器。随着计算机控制技术在工业控制中的迅猛发展，国外在70年代后期相继进行了微机控制防滑系统的研究与开发。进入80年代，国外推出的高速列车已无一例外地采用了微机控制防滑器，例如德国的 MGS—1 型防滑器、法国 TGV 列车使用的高性能防滑器等。我国在80年代后期也对单板机防滑系统进行了研究（如青岛四方机车车辆研究所）。90年代，我国在引进、吸收国外技术经验的基础上，对微机控制的防滑系统进行了深入的研究，取得了很大的成果，当然与国外的先进水平相比还有一定差距。近年来，我国轨道交通发展很快，防滑控制的理论研究不断提高，防滑控制的很多参考条件也不停地发生变化，需要加强对其进行更深入的研究与开发。

我国现有的防滑器适应速度较低，而且主要在防止滑行上下工夫，只在一定程度上考虑了充分利用黏着的问题，但是高速车辆用防滑器则要求在具有良好防滑性能的同时，还要具有改善和提高黏着的性能。目前，我国很多轨道车辆安装的是国外进口的防滑系统，价格较贵，因此设计出具有高灵敏度的防滑控制系统对于我国轨道交通的发展具有重大意义。

第三节 防滑控制的机理分析

一、黏着机理

研究列车的防滑控制，必须深入了解黏着机理。黏着是表示轮轨间关系的铁路专用术语，黏着力是指轮轨接触面切线方向传递的力。轮轨之间的黏着是轨道交通车辆形成制动力和牵引力的基本依据。

黏着系数表示了黏着的利用程度，它是具有一定分散性的随机因数，服从统计学规律。黏着系数的大小与滑移率的大小直接相关，两者的相关规律只有通过大量试验才能得出。据各种试验确认，在滑移率大于35%时，应视为黏着破坏，出现宏观滑行的界限，这种观点已经得到公认。当然，这条界限也是有些余地的，但这时黏着系数已随滑移率的增加呈明显下降趋势，而且量值已在0.25以下，难以保证列车进行正常制动。

改善黏着条件，提高黏着利用率，可以充分发挥列车的制动和牵引性能，同时还能有效地防止滑行和空转，减少列车和线路设备损伤。无论是摩擦制动还是动力制动，都是利用轮轨间的黏着力的作用。摩擦制动力过大，会把车轮抱死而滑行。动力制动的制动力如果超过轮轨黏着力，此时车轮的反力矩过大，会导致车轮的逆转。

过去改善黏着的方法之一是撒沙，这种方法对列车启动时防空转比较有效。但是在高速制动时，因沙子无法正好撒在钢轨面上，因此效果很差。尽管有的国家研制出先进的撒沙器或把沙子制成悬浮体喷洒在轨面上取得了成功，但由于成本太高，不可能得到推广。用化学方法清洗轨面，可以明显地改善轮轨间的黏着，但这也只能用于黏着状态特别不良的区间。国际铁路联盟试验研究所专门进行了电火花处理轨面的试验，利用电火花清除了油污，使轨面活化，明显地提高了黏着。但由于电火花处理轨面消耗功率太大，以及对轨道电路和通信产生干扰等原因，所以该方法还不能广泛应用。

其实影响利用黏着的因素还很多，例如车轮滚动圆直径的不完全相等、车辆的摇摆运动过大、车体与转向架的垂直振动过大，等等。这些因素涉及很多技术问题，要充分利用黏着，必须全面考虑这些因素。

二、蠕滑理论

从20世纪60年代以来，众多学者的研究指出：滑动实际上包含了有益效应和有害效应。一般来说，滑动反映的是传力条件，而黏着反映的是滚动条件。在力的方向上，接触面前沿的黏着区消失，这时的滑动是有害的；反之，则是有利的。这就是著名的蠕滑理论。从物理上说，由于黏着区的消失，意味着力的传递过程被中断，从滑动是传力的必要条件和黏着是传力的充分条件来判断，这种概念的延伸也是正确的。

然而，黏着系数不代表传统的摩擦系数，根据近代滚动理论的发展，它实际上是静摩擦系数、法向压力、接触面积轴长比以及材料弹性常数四者的函数。

从宏观上看，轮轨相对滚动时，法向力是切向力存在的必要条件。除了接触表面状态之外，轮轨切向力的大小还决定于在本书第二章中称为蠕滑的一种轮轨相对运动状态。简单说来，蠕滑是宏观上轮子非纯滚动的状态，由于轮轨的三维弹性形变，轮轨接触面上存在着微观的黏着区和滑动区，因而轮子在钢轨上滚动时存在着一定的相对滑动，即车轮轮心前进的速度 v 总是低于车轮的圆周速度 ωR_i。这是由于在力矩 M 的作用下，轮轨接触面产生向后的弹性变形所至。这个现象称为蠕滑（参阅本书第二章第一节）。蠕滑大小的程度可用滑移率 σ 表示，即

$$\sigma = \frac{\omega R_i - v}{v}$$

但是在实际应用蠕滑理论控制黏着的过程中，一般都把轮对的轮周速度与轮心位移速度之差相对于轮心位移速度的比值定义为滑移率。这是因为在列车上比较容易检测到轮对转速和列车实际运行速度。虽然这种表示方法是一种近似表示方法，但便于获得检测信号使防滑控制系统开展工作。

此外，在一些滚动接触理论中，滑移率定义为有切向力作用时车轮滚过距离与无切向力作用时车轮滚过距离之差的变化率。也就是说，如果轮轨之间不存在干摩擦，那么车轮将在钢轨上作纯滚动，滚过的距离等于车轮所转圈数乘以车轮圆周长所得的距离（$n \times 2\pi R$）。然而，由于干摩擦的存在，车轮的滚动已不再是纯滚动，而是伴随有车轮相对钢轨的滑动发生。这也反映了接触面上的干摩擦所引起能量的消耗，车轮实际滚过的距离与纯滚动距离之差的变化率用滑移率来描述，即

$$滑移率 = \frac{车轮实际滚过的距离 - 纯滚动距离}{纯滚动距离}$$

把位移变化对时间求导数就变成了速度关系，由于位移约束是对车轮和钢轨分别求得的，因此由求得到的速度约束也分别属于车轮和钢轨。这是精确的滑移率关系。如果车轮和钢轨的绝对速度都可以测定，那么利用精确的滑移率表达式就可以向控制系统输入精确的信号，将轮轨之间的复杂运动都纳入控制范畴。然而，就目前绝对速度的测量尚未被突破的现状说来，这种精确控制仍是不可能的。

蠕滑现象是一种轮轨设备素质可以接受或"容忍"的微量滑行现象，但在理论上它又是一个可以划分为若干个阶段的发育过程。利用滑移率的量值变化可以将轮轨作用情况作出新的分层分类，如下所示。

（一）正常运行区

正常运行区可划分为以下两个阶段：

(1) 微量滑移阶段（弹性形变阶段）——$\sigma \leqslant 0.2\%$。

(2) 轻度滑移阶段（弹塑性形变阶段）——$\sigma \leqslant 1\%$。

（二）稳态运行区

稳态运行区可划分为以下两个阶段：

(1) 稳定滑移阶段——$\sigma = 10\% \sim 25\%$。

(2) 振荡滑移阶段——$\sigma = 26\% \sim 35\%$。

（三）非稳态运行区

非稳态运行区有一个阶段，即打滑阶段——$\sigma > 35\%$。

（四）锁轴滑行区

在锁轴滑行区，轮对速度下降，直至趋于零，产生轮对与钢轨的滑行。

防滑控制一般在$\sigma = 35\%$以内，也就是在稳态运行区中进行。我们还可以把稳态运行区按照滑移性质再划分成三个阶段，即稳定滑移阶段、自复滑移阶段和临界滑移阶段。其具体划分方法如下：

(1) 稳定滑移阶段。$\sigma < 10\%$，可以不作调控或作低级调控。在该阶段，应尽量挖掘黏着潜力，提高制动性能，充分利用这个控制区。

(2) 自复滑移阶段。$\sigma = 10\% \sim 26.0\%$，已有滑移量迅速扩大的趋势，应作必要的比

例调节来抑止滑移量。它是防滑控制最主要的区域,也是防滑控制体现其控制价值的最佳区域。

(3) 临界滑移阶段。$\sigma = 26\% \sim 35\%$,此时黏着已经破坏,已进入宏观滑行的界限。随着黏着系数的下降和滑移率的增大,轮轨间已无能力产生可与持续制动力相平衡的切向力。必须在此区域实行高级别的控制以抑止滑移发展成为宏观上的滑行。

三、车轮滑行的形成

研究表明,轮轨间的切向力与轮轨间的滑动是同时存在的,并且两者之间有一定的变化规律。黏着控制就是要通过对微观滑移量的检测,给控制系统以控制信号,通过控制滑移使列车处于最佳黏着条件下运行。因此,控制滑移率,也就是为了提高黏着的利用率。

为了有效利用轮轨之间的黏着并对蠕滑进行控制,世界各国的铁路专家进行了大量的、卓有成效的试验和计算分析,得到了许多相关曲线,其中 KALLER 滑移理论曲线得到了世界公认。图 7-1 所示为 KALLER 滑移理论曲线(理想、干燥、无污染条件下)。由该图所示黏着系数-滑移率曲线可知,当黏着系数随滑移率的增大而达到最大值 μ_{max} 时,若继续增大滑移率,将使黏着系数急剧下降。这种性质

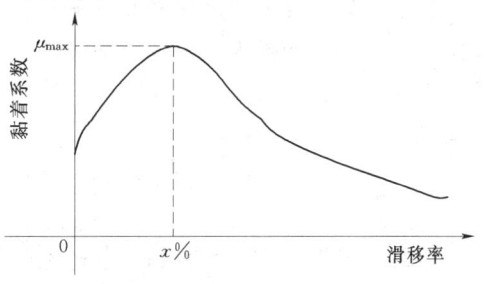

图 7-1 KALLER 滑移理论曲线

是干摩擦本身所固有的,然而对于列车来说却是灾难性的。

如果这时制动力的下降速度赶不上黏着系数的下降速度,那么由这种下降速度不平衡而建立起来的力的不平衡,将只能由车轮自己来消化。滑行就是这种自我消化的产物。为清晰起见,我们先看一下制动过程中制动力与黏着力之间的关系。

(1) 制动力由制动装置提供,其给定值根据需要由司机制动手柄发出。

(2) 这里所指的黏着力是由轮轨接触产生的,尽管许多因素可以影响它,但是轮轨接触过程中产生的黏着力却是由干摩擦决定的。这里的黏着力是对一种传统习惯解释的沿袭,实质上是切向力,而且包含着纵向力和横向力。

(3) 列车产生制动效果的必要条件是:制动力小于或等于黏着力(切向力),即制动装置提供的制动力应该与轮轨接触产生的黏着力能够互相平衡。一般在正常情况下,都能够满足上述关系。但由于产生黏着力的能力是经常变化的,偶然也会有所失调。撒沙可以弥补,然而对于高制动力和高轴重的情况,由于轮轨产生黏着力的能力已经饱和,制动力与黏着力之间的关系破裂,一旦产生这种沟通被截止的条件,制动力就只好在车轮中自己消化,造成滑行。

(4) 接触面内的黏着面积上没有轮轨的相对滑动,即没有速度差,因此黏着面积不能传递制动力。制动力是靠滑动力传递给钢轨的。也就是说,制动力是靠滑动区内轮轨两者的变形差传递的。很显然,外界加在轮轨接触面的法向力和切向力越大,变形差就越大。只要摩擦系数足够大,这些变形差就能产生足够的切向力而与制动力相平衡。干摩擦传递外界切向力的上限是库仑极限摩擦力,因此接触面间的自然摩擦系数越低,这个传力能力的上限就越低。没有电机特性和黏控装置的配合,不可能自然地由低的黏着上限向高的黏

着上限恢复。也就是说，传力的平衡条件一旦被破坏，只能重建平衡，或者是在新的黏着上限上恢复黏着条件，以确保力的传递路线导通，并避免能量在车轮中的自我消化。必须指出的是，当上述边界条件确定后，我们用黏着系数乘法向力计算黏着（切向）力，这是一种表示法。这种表示法的含义是：当法向力产生的法向应变不影响切向应变时，库仑极限摩擦力等于黏着系数乘法向力。

（5）滑行的定义域。如上所述，滑行是在不满足传力的充分必要条件时，制动功率在车轮中自我消化的产物。因此，滑行本质上属于滑移的广义定义，满足条件的轮轨切向变形差或速度差（相对滑动）称为滑移，不满足的称为滑行。这反映了由微观到宏观的演变。显然，制动力与黏着力之间平衡的破坏或黏着面积从接触面前沿消失，即为黏着破坏。黏着破坏需要尽快重建平衡或重建黏着区。必须注意：黏着区的调整是滑动区扩大造成的，而滑动区的扩大是由蠕滑率的扩大引起的。因此，重建平衡条件的过程通常也是重建黏着区的过程。延误了重建时机，就会发生制动滑行现象。

第四节 防滑控制系统

通过本章第三节对黏着和蠕滑理论的深入探讨，并对滑行的形成过程进行了微观和宏观上的分析，了解了滑行控制的本质和控制的作用范围，为实施防滑控制提供了理论依据。

现在可以确定，黏着失去的根本原因是制动力大于所能实现的黏着力。恢复黏着的有效手段是使制动力减小，以满足"制动力小于所能实现的黏着力"这个平衡条件。前面已得出结论，黏着一旦被破坏，单靠轮轨系统本身是不可能恢复的。必须需要外部因素的介入，才能使黏着恢复，而电子防滑控制装置实质上就是一种非常合适的外部干预，以帮助轮轨间的黏着恢复。

防滑控制装置的功能是：一旦检测到因外界因素或较大的制动力引起黏着系数下降时，就立即实施控制，尽快使黏着恢复。而这种恢复应尽量接近当时条件所允许的最佳程度，即再黏着恢复必须充分提高黏着利用率。

一、防滑系统的基本结构

典型的防滑控制系统主要由控制单元、速度传感器与机械部件防滑阀组成。其中控制单元是防滑控制系统的核心部分，图7-2为电子防滑控制装置的示意图。

防滑控制系统的形式是多种多样的，但工作原理基本相同。列车制动时，当车轮由于轨道污染、气候潮湿或者制动力过大而被"抱死"，轮轨间立即产生滑行。在这一瞬间，该车轮的减速度必然大大超过列车的减速度，而达到一个相当大的值。也就是说，被"抱死"的车轮与其他正常运行的车轮之间有一个很大的速度差。防滑控制系统可以通过速度传感器检测出列车的正常速度，以及列车与"抱死"车轮间的速度差。这两个检测信号被传送到防滑控制系统的微处理器，微处理器根据比较和判断，然后发出防滑控制指令。防滑控制系统的执行装置按指令采取措施，使该车轮的制动力迅速下降，快速缓解车轮的滑行。当滑行消失，微处理器得到速度信号后，重新发出指令，恢复该车轮的制动力。防滑控制系统的工作原理框图如图7-3所示。

第四节 防滑控制系统

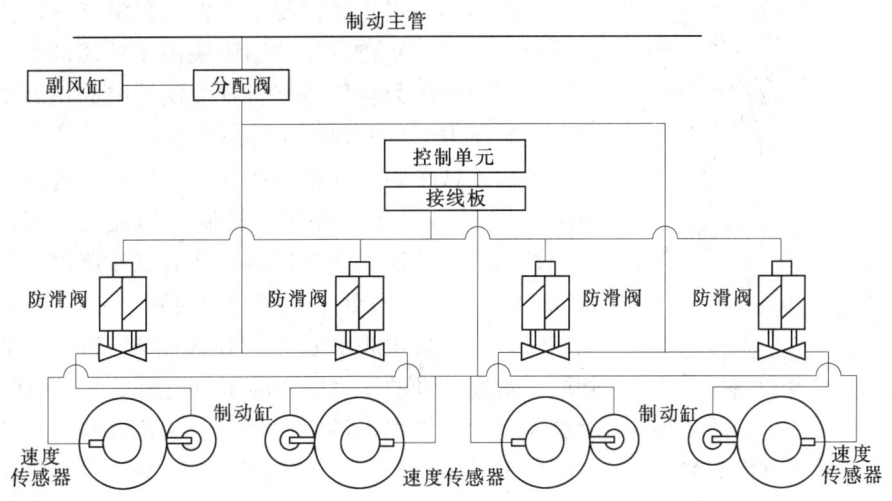

图 7-2 电子防滑控制装置示意图

防滑控制过程的逻辑框图如图 7-4 所示。

（一）速度传感器

用于检测列车速度和轮对速度的装置称为速度传感器，又称为速度信号发生器。它安装在每个轮对上，无论是拖车还是动车。它的结构原理如图 7-5 所示。速度传感器由测速齿轮和速度传感器探头以及电缆线所组成。测速齿轮与速度传感器探头之间有一个间隙，永磁式的传感器会在间隙中感应磁力线。当齿轮转动时，齿顶、齿谷交替切割磁力线，从而在永磁式的传感器中产生一个频率正比于运行速度的电脉冲信号。这个电脉冲信号就是送入微处理器的速度信号。

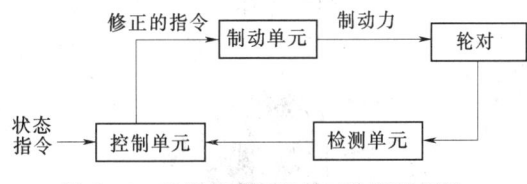

图 7-3 防滑控制系统的工作原理框图

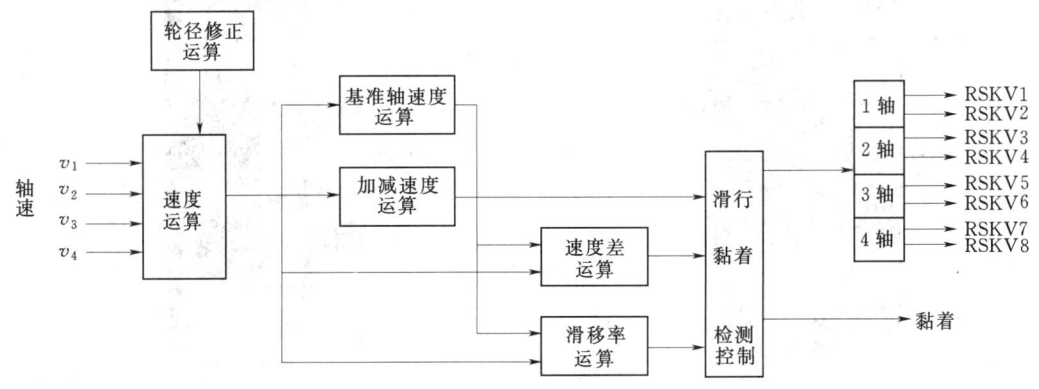

图 7-4 防滑控制过程的逻辑框图

（二）防滑阀

防滑阀的结构虽然形式各异，但就现有的国内和国外的防滑阀来说，其设计要求和工作原理都几乎相同。当防滑控制系统不发出防滑指令时，防滑阀对正常的制动和缓解不产生不利的影响；当防滑控制系统发出防滑指令而具有防滑功能时，通过控制防滑阀的励磁线圈使铁芯动作，改变防滑电磁阀内的压力空气通路，排放制动缸的压力空气或恢复制动缸压力，以实现减压防滑功能。

上海地铁车辆空气制动系统中使用的一种防滑电磁阀WMV—20/2 ZG是一种间接控制的二位三通阀，其特点是能控制和改变压力空气连接，使其工作范围在 $(0\sim10)\times10^5$ Pa。当防滑阀处于关闭位（见图7-6）时，电磁阀无信号，处于失电位。这时预控阀座 V_1 到活塞的通路被切断，活塞上方的压力腔内的压力经阀座 V_2 排到0。在压缩弹簧9的压力下，活塞保持在上端位。与活塞连成一体的垫圈 D_2 紧靠阀座 V_4。进气口A和排气口B的通路被打开，排气口B到排气口C的通路被切断。进气口A和排气口B分别与制动储风缸和单元制动机的制动缸连接，对正常制动不起作用。排气口C与大气相通，也对制动无任何作用。

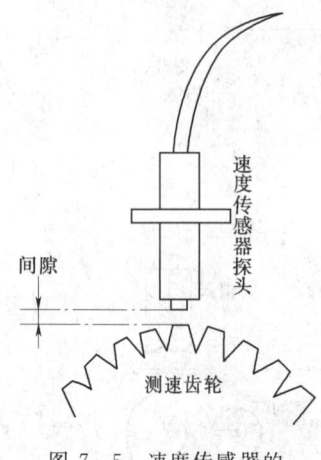

图7-5 速度传感器的结构原理

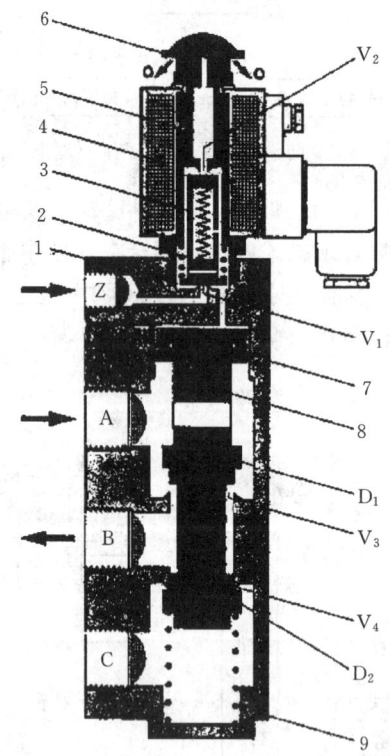

图7-6 防滑电磁阀失电

1—上部壳体；2—压缩弹簧；3—衔铁；4—电磁线圈；
5—反向衔铁；6—排气滤网；7—下部壳体；8—活塞；
9—压缩弹簧；D_1、D_2—密封垫；
$V_1\sim V_4$—阀座

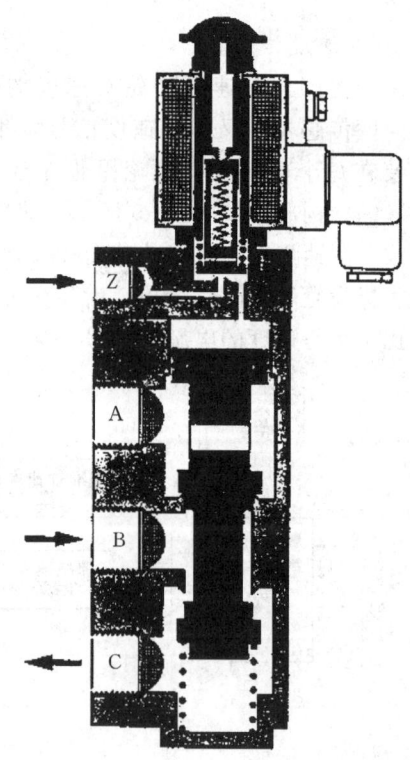

图7-7 防滑电磁阀得电

第四节 防滑控制系统

当电磁阀线圈励磁后（见图7-7），磁铁被电磁线圈吸起。预控阀座 V_1 被打开，阀座 V_2 关闭。从连接端口 Z 进入阀体，再经过预控阀座 V_1 加在活塞上的空气压力使活塞克服压缩弹簧9的压力向下运动到下位端。垫圈 D_1 压在 V_3 上，V_4 打开。进气口 A 和排气口 B 的通路被切断，与排气口 B 连接的单元制动机制动缸内的压力空气经过阀座 V_4 和排气口 C 向大气排气，使制动缓解，实现减压防滑功能。

二、防滑控制依据

防滑控制是在制动力即将超过黏着力时，降低制动力，使车轮恢复处于滚动或滑、滚混合状态，避免车轮滑行。然而防滑控制的关键是：首先要正确判断什么时候为"滑行"。判断早了，会使制动力损失过大，无法充分利用轮轨间的黏着，使制动距离延长；判断晚了，就会产生滑行，造成踏面擦伤，起不到防滑作用。

目前，各种防滑控制系统在判断滑行时，使用了许多判据。这些判据主要有速度差、减速度、减速度微分和滑移率等。其中速度差和减速度使用最为普遍。但无论采用哪一种判据，都把防滑和充分利用黏着作为主要目的。有时，两种防滑系统采用相同的判据，但效果却不同，这主要是由于判据参数的选取以及对制动力的控制过程不同造成的。

（一）速度差判据控制

速度差是某一根轴的速度与车辆速度的差值，防滑可针对速度差制定滑行检测标准。对于速度差标准，车轮磨耗的允许值就有 6%~7%，再加上其他公差，因此速度差范围很大。如果速度差标准定得太高，会造成防滑控制系统误动作；但如果速度差标准定得太低，也会导致灵敏度降低（日本一般取速度差标准值为 15km/h）。如果按高速范围制定速度差标准，到低速时就不能保证正常的防滑作用。因此，速度差标准就不能是一个固定值，而应当是速度的函数。也就是说，速度差是应随列车速度的减小而逐渐减小，确定速度差是否超限的阈值是随列车速度变化而变化的下坡函数，这就使系统变得复杂。

能否精确地测定轮间的速度差是系统工作正确与否的关键。由于每个动轮直径不是绝对相同的，并且在运行中的磨耗也各不相同，所以各轮对间的速度差总是存在的，尽管此时并没有发生滑动。这就要求在检测轮径速度差时，必须考虑此轮径差异的因素，设置轮径矫正功能。我国运行的列车允许轮径差：同一节车为10mm，同一转向架为7mm。

速度差控制就是：当一节车的四个轮对（四根轴）中的一个轮对发生滑行时，该轮对的轴的速度必然低于其他没有滑行的轮对的车轴的速度，将该轴速度与其他各轴速度进行比较并判定滑行轴的速度与参考速度之间的差值，当比较差值大于滑行判定标准时，该车轴的防滑装置动作，降低它所控制的该轴制动缸的压力，此时该轴的减速度逐渐减小；当比较差值达到某个预定值时，防滑装置使制动缸保压，让车轴速度逐渐恢复；当其速度差值小于滑行判定标准时，防滑装置使制动缸压力恢复。

实践表明，车轮在连续滑行时，宜采用速度差判据控制，它需要把各根车轴联系在一起。同时，由于它往往受速度范围的制约且对于车轮磨耗造成的轮对圆周尺寸的误差特别敏感，因此速度差标准的制定和设计是一个复杂的问题。

（二）减速度判据控制

一节车的某一根轴滑行或四根轴以接近速度同时滑行，用速度差是判别不到的，这时就需要采用减速度判据进行控制。当车轮速度发生突变时，减速度值相应增大。当减速度值大于预定值时,防滑装置降低它所控制的制动缸压力;当减速度值逐渐减小,恢复到预定值时,防滑装置使制动缸保压;当减速度值进一步恢复,小于预定值时,防滑装置使制动缸压力逐渐恢复。

减速度标准是相对独立的标准,被检测的轴与其他轴无关。由于具有这个特点,所以绝大多数防滑控制系统(无论是机械离心式防滑器或电子防滑器)都采用此标准。

减速度判据值的确定对黏着利用也十分重要,部分防滑控制系统一般在减速度达到 $3\sim4\mathrm{m/s^2}$ 时降低制动缸压力,而且作为定值,不受速度变化的影响。

(三)减速度微分判据控制

但是,使用减速度判断也有缺点。由于防滑机械部分动作的延迟使制动缸的压力变化作用滞后,有的防滑控制系统,例如安装在法国 TGV 车上的防滑器,在使用减速度判断的同时,引入了减速度微分进行辅助判断。因为当减速度达到判据标准时,虽然防滑装置动作,但需经过延迟时间 Δt 后,制动缸压力才开始变化。延迟时间内减速度的变化快慢会不同,即减速度的微分不同,这就有可能造成减速度变化快的防滑作用不良,而减速度变化慢的黏着利用不良。

引入减速度微分控制后,就有可能解决上述问题。减速度微分控制的判据是

$$\left[a+\frac{\mathrm{d}a}{\mathrm{d}t}\Delta t\right]$$

式中 a——开始检测计算时的减速度值;

$\mathrm{d}a/\mathrm{d}t$——对减速度微分;

Δt——延迟时间。

假如判据达到"滑行"判断值,则防滑系统动作,经过延迟时间后,无论减速度变化快还是变化慢,制动缸压力开始变化时的减速度值都是相同的。控制制动缸压力开始变化时的减速度,可以保证良好的防滑作用和充分利用黏着。但这种判断方式对防滑系统要求较高,控制单元要有相当快的计算速度。

(四)滑移率判据控制

滑移率是某一轴的速度与参考速度之差值与参考速度的比值。当采用滑移率作为判据控制时,认为某一轴的滑移率达到一定值时便会发生滑行,即对该轴的制动缸压力进行控制,其控制过程与上述几种判据变化控制方法相同。

国外的试验表明:滑移率与黏着利用是密切相关的,控制滑移率可达到充分利用黏着的目的。其中日本的研究表明:当黏着系数为最大值时,滑移率随轨道情况而变化,干燥轨道滑移率一般在 3%～10%,所以认为"在微小滑行时,即使不产生缓解作用也会再黏着的情况很多,超过适当大小的滑行才进行缓解,有助于缩短制动距离"。根据法国的试验结果,除轻微滑移(蠕滑)的滑移率为 0.5%～15% 时达到一个黏着系数峰值外,与黏着有关的较大滑移,滑移率在 5%～25% 时有最大黏着点 B(见图 7-8)。

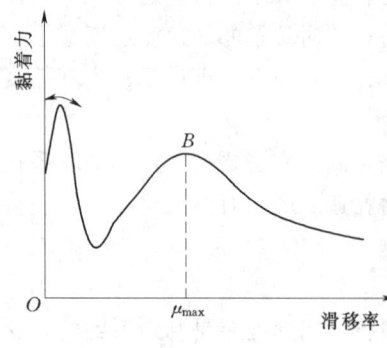

图 7-8 滑移率与黏着力的关系曲线

第四节 防滑控制系统

日本进行了专门试验,试验中把滑移率维持在10%以下。当滑移率低于5%时,瞬时黏着系数变化很小;当滑移率超过5%时,黏着系数趋于下降。这表明,如果制动缸压力能被准确地控制,即车轮的滑移率能维持在确定水平,黏着就能得到有效利用,相应也可防止滑行的产生。在日本883系摆式车组(最大速度为130km/h)的制动试验中,使用常规防滑器,制动距离延长15%;而采用滑移率控制的防滑器,仅延长3%以内。

综上所述,根据轮轨间极限摩擦力水平,滑行控制的出发点是:在合理控制滑移率量值的基础上,充分利用和挖掘列车的黏着潜力,根据滑移率控制制动力,即通过控制制动力使车轮滑移率保持在一定范围内,完全能在防止滑行的基础上,充分利用黏着,防止制动距离延长过大。

三、防滑系统的基本要求

(一) 灵敏度高

在较高的速度范围内,由于黏着系数较低,本来就容易发生滑行,而且即使是在很短的时间内,因滑行距离较长,危害也是相当严重的,因此防滑控制系统应该具有高灵敏度。灵敏度受滑行标准、滑行检测速度和防滑装置的制动时间等诸多因素的影响。

一旦某根车轴发生了滑行,要迅速被检测出来,不但要采用多种标准,而且关键问题在于这些标准的具体设置。标准定得较高,使检测灵敏、动作快,可以使滑行很快地被制止。但是标准定得太高,会使滑行控制的稳定性能变差,以至一些微小的滑行也使防滑控制系统动作,从而延长了制动距离,危及运行安全。滑行标准若定得太低,使滑行性能不安全,同时会使检测滞后时间延长。因此,制定防滑标准是一个复杂的技术工作,要充分考虑到防滑装置的结构及线路、使用的速度范围以及车轮的磨耗等因素。

(二) 防滑特性良好

所谓防滑控制系统的防滑特性,就是当车轮发生滑行,防滑控制系统检测到之后,通过逻辑线路和机械装置,立即切断动力制动并且使摩擦制动的制动缸快速缓解;而当车轮停止滑行并恢复再黏着以后,制动缸又重新充气的整个过程的特性。它不但取决于检测系统、机械部件的灵敏性,而且主要决定于防滑控制采用的控制方法及算法。防滑特性好,将取得良好的防滑效果,使制动距离延长较短等。

一个好的防滑特性可以保证:制动效率高、防滑反复动作次数少、制动距离延长不是太多、节约压力空气。

四、防滑控制系统应用比较

电子防滑控制系统的发展从控制模式上划分已经大致经历了三代。

(一) 第一代防滑控制系统

国内外普遍采用的防滑控制系统是第一代"速度差、减速度(和滑移率)"控制式防滑控制系统。只要有一个检测参数超过设定值,就对制动缸进行大量排气,其控制状态基本如图7-9所示。该类控制方式的防滑控制系统存在很多缺点:

(1) 缓解迟缓造成滑移率不安定区的顶点 B 上移,

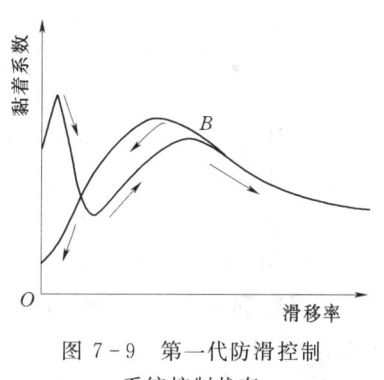

图7-9 第一代防滑控制系统控制状态

第七章 防滑原理和防滑控制

不能有效防止车轮滑行。

(2) 由于使车轮安全脱离滑行状态所需的化解量较大，制动力难于沿轮轨黏着迅速恢复，从而产生黏着损失。

(3) 防滑器频繁动作可能会造成最终黏着时的制动缸压力不足，影响黏着利用。

(4) 黏着与滑行交替进行，降低了轮轨黏着系数，如图 7-9 所示。

第一代防滑控制系统运用情况：日本新干线电动车组防滑控制采用的是油压制动系统，其响应灵敏度高。因此，采用第一代防滑控制系统的控制模式，可有效防止车轮擦伤并减小黏着损失。

(二) 第二代防滑控制系统

在第一代防滑控制系统的基础上，法国和日本进行了第二代"滑移率"控制式防滑控制系统的开发。这种防滑控制系统采用轴速度差、减速度及减速度微分联合控制：即使检测到车轮滑行，制动缸也不大量排气，而是逐渐降低制动缸压力，使滑移率维持在一定范围内，以充分利用连续滑行的增黏效果，其控制状态基本如图 7-10 所示。它的优点是：延长制动距离小，提高黏着利用。它的缺点是：加速了轮轨磨耗（这是它最大的缺点），反复进行大的滑行控制会导致总风缸压力下降，而总风缸压力下降会引起非常制动。

第二代防滑控制系统运用情况：法国将滑移率控制在 10%～25%；日本证明滑移率控制在 10% 以内可基本维持最大黏着不变。

(三) 第三代防滑控制系统

为解决"滑移率"控制法的轮轨磨耗问题，日本进行了第三代"蠕滑"控制式防滑控制系统的开发。该防滑控制系统也采用轴速度差、减速度及减速度微分联合控制，并在图 7-10 所示的蠕滑力饱和点 A 附近 0.5% 的微小蠕滑区内进行再黏着控制。它的优点是：黏着利用率高，制动距离短，性能好。它的缺点是：对系统运算速度和检测精度要求高。

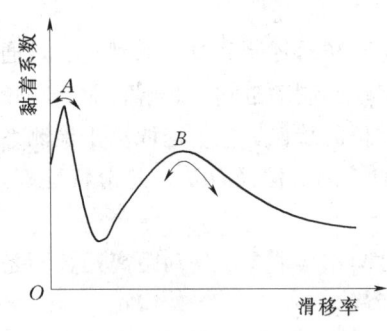

图 7-10 第二、三代防滑控制系统控制状态

第三代防滑控制系统运用情况：仅日本在研制此类防滑控制系统。

总结国内外的研究经验，在防滑控制模式上，按滑行趋势和再黏着趋势划分更细致的控制，其主要控制模式如下：

(1) 被广泛采用的减压、保压和压力恢复的三模式控制。

(2) 用于小滑行的三模式控制（小减压、小减压保压、小减压恢复）。

(3) 用于减少再滑行几率的压力恢复暂时保压模式。

(4) 防止黏着系数和采用铸铁闸瓦时产生大滑行的控制模式。

(5) 用于防止产生过大减速度和应力的控制模式。

小滑行和压力恢复暂时保压控制模式，是为了精密地保持黏着力和制动力处于均衡状态。

表 7-1 对各代防滑器的控制模式进行了比较。

第四节 防滑控制系统

表 7-1　　　　　　　　各代防滑器的控制模式比较

项目 \ 防滑器类型	第一代	第二代	第三代
特点	"速度差、减速度（和滑移率）"控制式	"滑移率"控制式	"蠕滑"控制式
控制阈值	减速度、速度差	轴速度差、减速度及减速度微分联合控制	轴速度差、减速度及减速度微分联合控制
控制模式	开关式二位阀结构的二模式（全制动和全缓解式）。有一个参数超过设定值，就对制动缸大量排气	三位阀阶梯形控制。检测到车轮滑行，制动缸不大量排气，而是逐渐降低制动缸压力，使滑移率维持在图7-10所示 B 点附近的一定范围内，以充分利用连续滑行的增黏效应	在图7-10所示蠕滑率饱和点 A 附近0.5%的微小蠕滑区内进行再黏着控制
运用情况	日本新干线	TGV高速、东日本E501系电动车组、883系特快电动车组	日本

第八章　轨道车辆的制动计算

城市轨道车辆一般都是电动车组，其制动计算问题根据计算的目的不同有不同的计算类型。通常有以下三种轨道车辆制动计算类型：

（1）已知电动车组的制动能力、制动初速度及制动区间的线路状态等参数，计算制动距离。

（2）已知电动车组的制动能力、制动区间的线路状态等参数以及要求的制动距离，计算在该区间制动允许的初速（即制动限速）。

（3）已知电动车组的制动初速、制动区间的线路状态等参数以及要求的制动距离，计算电动车组应具有的制动能力。

无论上述哪种计算类型，关键是制动距离的计算。制动距离的计算由牛顿第二定律导出，即

$$F = -1000ma = -\frac{1000}{3.6}m\frac{\mathrm{d}v}{\mathrm{d}t}$$

式中　F——制动时电动车组的减速力，N；
　　　m——电动车组的质量，t；
　　　a——电动车组的减速度，m/s^2；
　　　v——电动车组的速度，km/h；
　　　t——制动时间，s。

所以

$$\mathrm{d}t = -\frac{1000}{3.6}\frac{m}{F}\mathrm{d}v$$

因为制动距离为

$$S = \int \mathrm{d}S = \int \frac{v}{3.6}\mathrm{d}t$$

可得

$$S = \int_{v_0}^{v} -\frac{1000mv}{12.96F}\mathrm{d}v = \int_{v}^{v_0} \frac{1000mv}{12.96F}\mathrm{d}v$$

式中　S——制动距离，m；
　　　v——制动末速度，km/h；
　　　v_0——制动初速度，km/h。

第一节　制动时电动车组的减速力

当电动车组处于制动工况时，所受到的与其运行速度有关的力有以下两个：

（1）制动力 B_m。它是由司机或自动驾驶装置（如 ATC）控制，通过电动车组的制动装置产生的阻碍电动车组运行的外力。它的方向与电动车组运行方向相反，可由司机或自动驾驶装置控制和调节。

（2）运行阻力 W_K。它是电动车组运行中由于内部或外部的各种原因自然产生的阻碍电动车组运行的外力，它的方向与电动车组运行方向相反。其大小不受司机或自动驾驶装置控制。

因此，电动车组制动时的减速度力应为

$$F = B_m + W_K$$

一、运行阻力及其计算

运行阻力有基本阻力和附加阻力之分。由于轮对轴承的摩擦、车轮与钢轨的摩擦和运行时的空气阻力等原因产生的，在电动车组运行时始终存在的阻力称为基本阻力；而由于坡道、曲线和隧道等原因产生的，只在个别情况下才有的阻力称为附加阻力。

运行阻力绝大多数与电动车组的车重成正比，因此在制动计算中常常用单位车重的阻力来计算，称为单位阻力；相应的基本阻力与车重之比称为单位基本阻力，用 w_0 表示，单位为 N/t；附加阻力与车重之比称为单位附加阻力，例如 w_i 表示单位坡道阻力，w_r 表示单位曲线阻力等，它们的单位均为 N/t。

（一）基本阻力计算

由于影响基本阻力的因素极为复杂，在实际运用中很难用理论公式来计算，通常按照大量试验综合得出的经验公式进行计算。下面给出了国内外部分车型的单位基本阻力的经验公式。

21、22 型客车（$v_{\max} = 120 \text{km/h}$）：

$$w_0 = 16.28 + 0.0736v + 0.001521v^2$$

式中　v——速度，km/h。

25B、25G 型客车（$v_{\max} = 140 \text{km/h}$）：

$$w_0 = 17.85 + 0.0981v + 0.001422v^2$$

准高速单层客车（$v_{\max} = 160 \text{km/h}$）：

$$w_0 = 15.79 + 0.0392v + 0.001853v^2$$

准高速双层客车（$v_{\max} = 160 \text{km/h}$）：

$$w_0 = 12.16 + 0.0343v + 0.001540v^2$$

日本新干线 0 系电动车组：

$$w_0 = 11.77 + 0.1521v + 0.001436v^2$$

日本新干线 100 系电动车组：

$$w_0 = 12.50 + 0.0160v + 0.001449v^2$$

日本新干线 200 系电动车组：

$$w_0 = 11.54 + 0.1511v + 0.000883v^2$$

法国 TGV 电动车组（2 辆动车、8 辆拖车）：

$$w_0 = 7.132 + 0.0785v + 0.001450v^2$$

德国 ICE 电动车组（2 辆动车、14 辆拖车）：

$$w_0 = 11.381 + 0.0520v + 0.001177v^2$$

意大利 ETR500 电动车组：

$$w_0 = 5.984 + 0.1001v + 0.001109v^2$$

(二) 附加阻力计算

这里主要介绍坡道阻力和曲线阻力的计算。

1. 坡道阻力计算

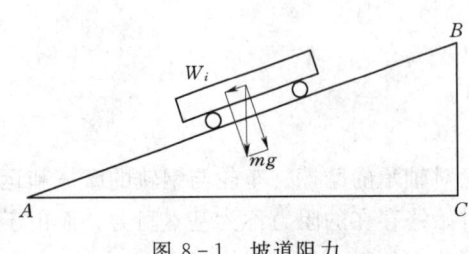

图 8-1 坡道阻力

坡道阻力实际上就是电动车组在坡道上运行时，电动车组重力沿轨道方向的分力，如图 8-1 所示。当电动车组上坡时，坡道阻力与电动车组运行方向相反，阻力是正值；反之，坡道阻力是负值。显然坡道阻力的大小与坡道的陡峭程度有关。表示坡道陡峭程度的参数是坡度，用字母 i 表示。它是指坡道终点对起点的高度差与两点之间的距离之比，其值以千分数计，即

$$i = \frac{BC}{AB} \times 1000‰$$

式中　　BC——标高差，m；

　　　　AB——坡道长度，m。

如果是上坡道，标高差为正值，所以坡度为正值；反之，如果是下坡道，标高差为负值，坡度同样为负值。

由图 8-1 得

$$\frac{W_i}{mg} = \frac{BC}{AB}$$

$$W_i = \frac{BC}{AB}mg(\text{kN}) = 1000 \times \frac{BC}{AB}mg(\text{N})$$

式中　　m——电动车组质量，t。

单位坡道阻力（N/t）为

$$w_i = \frac{W_i}{m} = 1000 \times \frac{BC}{AB}g = ig$$

即电动车组的单位坡道阻力在数值上等于该坡道的坡度与重力加速度的乘积。

2. 曲线阻力计算

电动车组进入曲线运行时，车轮轮缘压向外轨头产生滑动摩擦，车轮在轨面产生横向滑动，以及车辆心盘和旁承因转向架的转动而产生摩擦等。这些增加的摩擦损失造成的阻力称为曲线阻力。曲线阻力与曲线半径、电动车组运行速度、曲线的外轨超高等许多因素有关，难以用理论方法推导，一般按大量试验得出的经验公式来计算。

单位曲线阻力（N/t）是曲线半径的函数，其公式如下：

$$w_i = \frac{A}{R}g$$

式中　　R——曲线半径，m；

A——用试验方法确定的常数,其值各国有差异,大约为 450~800,我国标准轨距 $A=700$。

3. 加算坡道单位阻力计算

当坡道与曲线同时出现时,电动车组在该区段的单位附加阻力为单位坡道阻力和单位曲线阻力之和。为方便起见,常将单位曲线阻力看成相当的单位坡道阻力,并与实际的单位坡道阻力相加,称为加算坡道单位阻力(N/t),即

$$W_j = w_i + w_r = ig + \frac{A}{R}g = \left(i + \frac{A}{R}\right)g = i_k g$$

其中

$$i_k = i + \frac{A}{R}$$

式中 i_k——加算坡道的坡度,‰。

(三)电动车组运行阻力计算

有了单位基本阻力和加算坡道单位阻力,可按下式计算电动车组运行阻力(N):

$$W_k = W_0 + W_j = w_0 m + i_k g m = (w_0 + i_k g)m$$

式中 W_j——电动车组加算阻力;

m——电动车组质量,t。

电动车组单位运行阻力(N/t)为

$$w_k = \frac{W_k}{m} = w_0 + i_k g$$

二、制动力和黏着计算

以闸瓦制动为例(见图 8-2),制动时,设每一轮对的闸瓦压力为 K,车轮与闸瓦的摩擦系数为 φ。制动前,列车以速度 v 运行,轮对以角速度 ω 在轨面上滚动。制动时,闸瓦作用于车轮踏面的压力 K 引起闸瓦作用于轮对的摩擦力 $K\varphi$,这个摩擦力对轮对中心形成一个力矩 $K\varphi R$,它的方向与轮对转动方向相反。

上述摩擦力矩起着两方面的作用:一方面,阻止轮对转动,使轮对获得角减速度 β,轮对转速因而迅速减慢以至停止转动;另一方面,由于轮对的转动被阻止,势必引起轮轨间的相对滑动趋势,从而使轮轨之间产生相互作用力,即由于闸瓦摩擦力矩而在轮轨接触点引起了车轮对钢轨的纵向水平作用力和钢轨对车轮的反作用力

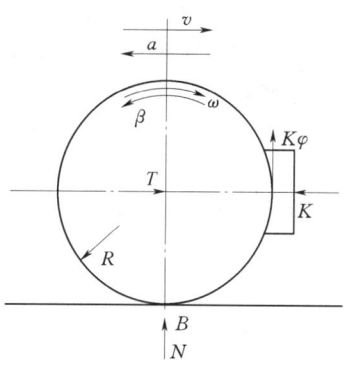

图 8-2 制动力产生

B。反作用力 B 对于轮对以及本列车来说都是与列车运行方向相反的外力,起着阻碍列车运行的作用,使列车获得减速度 a,这就是制动力。根据图 8-2,将轮对作为分离体,建立力矩平衡方程可以求得制动力大小,即

$$K\varphi R - BR = l\beta$$

式中 R——车轮半径;

l——轮对的转动惯量。

在上式中，$l\beta$ 所占的比例很小，为了简化起见，通常忽略不计（即假定 $l=0$），留到计算转动距离时再加考虑。这样，转动力在数值上等于闸瓦摩擦力，即

$$B = K\varphi$$

全列车的制动力为

$$B_m = \sum(K\varphi)$$

从上式可以看到，制动力 B 随着车轮和闸瓦间的摩擦力的增大而增大，但也不是无限制的增大，制动力要受到黏着力的限制，即

$$B = K\varphi \leqslant F_\psi = N\psi$$

或

$$\frac{K}{N} \leqslant \frac{\psi}{\varphi}$$

式中　F_ψ——轮轨间的黏着力；

　　　N——钢轨对轮对轴重的反作用力；

　　　ψ——轮对间的黏着系数。

令 $\delta_0 = K/N$，称为轴制动率。因此，黏着条件可由下式表示：

$$\delta_0 \leqslant \frac{\psi}{\varphi}$$

由于制动方式的不同，制动力的计算方式也有所不同。这里仅就空气制动和动力制动作简单介绍。

（一）空气制动的制动力计算

闸瓦制动时，当电动车组各节车的车轮闸瓦间摩擦系数相同时，制动力计算公式为

$$B_m = \sum(K\varphi)$$

上式中的轮瓦摩擦系数 φ_k 主要由闸瓦的材料决定，以下公式仅供参考。

中磷铸铁闸瓦：

$$\varphi = 0.64 \times \frac{K+100}{5K+100} \times \frac{3.6v+100}{14v+100} + 0.0007(110 - v_0)$$

高磷铸铁闸瓦：

$$\varphi = 0.819 \times \frac{K+100}{7K+100} \times \frac{17v+100}{60v+100} + 0.0012(120 - v_0)$$

低摩合成闸瓦：

$$\varphi = 0.25 \times \frac{K+500}{6K+500} \times \frac{4v+150}{10v+150} + 0.0006(100 - v_0)$$

高摩合成闸瓦：

$$\varphi = 0.41 \times \frac{K+200}{4K+200} \times \frac{v+150}{2v+150}$$

式中　K——闸瓦压力，kN；

　　　v——列车运行瞬时速度，km/h；

　　　v_0——制动初速，km/h。

闸瓦压力的大小与基础制动形式和制动缸压力大小有关。当采用单元制动时，每个轮

对的闸瓦压力 K (kN) 为

$$K = \left(\frac{\pi}{4}d^2 p_z - F_G\right)n\eta m$$

式中　d——制动缸直径，m；

　　　p_z——制动缸压力，kPa；

　　　F_G——制动缸复原簧反力，kN；

　　　n——单元制动缸倍率；

　　　η——单元制动传动效率；

　　　m——每个轮对上单元制动数量。

将 $K = \left(\frac{\pi}{4}d^2 p_z - F_G\right)n\eta m$ 代入 $B_m = \sum(K\varphi)$，得闸瓦制动时每一轮对的制动力 B (N) 为

$$B = 1000\left(\frac{\pi}{4}d^2 p_z - F_G\right)n\eta m\varphi$$

盘形制动由于闸片的摩擦半径 r 小于车轮半径 R，所以每一轮对产生的制动力 B (N) 为

$$B = 1000\left(\frac{\pi}{4}d^2 p_z - F_G\right)n\eta m \frac{r}{R}\varphi$$

式中　r——制动盘摩擦半径，m；

　　　R——车轮半径，m。

（二）动力制动的制动力计算

动力制动是利用牵引电机的可逆原理，在制动工况时，将牵引电机变为发电机，由轮对驱动，把电动车组的动能转化成电能。然后，或者将电能反馈给电网，或者将电能通过电阻转变为热能散逸到大气中。

在制动工况时，牵引电机中的电流与感应电动势方向相同，而电磁转矩与电枢的旋转方向相反。这个反向转矩通过传动齿轮传到动车的动轴上，与闸瓦制动一样，在动轴的轮轨间产生了钢轨对车轮的纵向水平作用力——制动力。

设电动车组中动车每台电机产生的电磁转矩为 M，则该动车产生的动力制动力 B_d (N) 为

$$B_d = \frac{m_d \mu}{R \eta_d} M$$

式中　m_d——每辆车上牵引电机台数；

　　　μ——传动齿轮传动比；

　　　R——车轮直径，m；

　　　η_d——传动效率；

　　　M——电机电磁转矩，N·m。

第二节　制动距离计算

从司机将制动控制器手柄置于制动位的瞬间至电动车组停车为止，电动车组所走过的距离，称为制动距离。制动距离是反映制动系统综合性能的重要指标。

由于在施行制动时，动车组中各车辆的制动力产生的起始时间并非完全同步，尤其是制动力的上升不可能同步。因此，从动车组开始制动到制动力上升到最大值是一个过程，如图 8-3 中实线所示。为了便于计算，通常假定动车组各车辆的制动力在制动开始后某一瞬间 t_k 同时产生并立即达到最大值，如图 8-3 中虚线所示。这样，动车组的制动分成两段：第一段从施行制动开始到 t_k，称为空走过程，t_k 称为空走时间，动车组在空走时间内惰行的距离称为空走距离 s_k；第二段从这假设的瞬间开始到动车组停车，称为实制动过程，其经历的时间称为实制动时间 t_e，该过程中动车组所运行的距离称为实制动距离 s_e。因此，制动时动车组的制动距离为

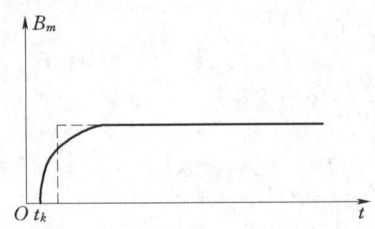

图 8-3 动车组制动力变化

$$s_z = s_k + s_e$$

上述制动距离计算是否准确，显然与空走时间的确定有关，因此空走时间必须按制动距离等效的原则来确定，即空走距离与实制动距离之和应等于实际的制动距离。

一、空走距离的计算

根据上述假设，在空走过程中电动车组处于惰性工况，即既无牵引力，亦无制动力，但有运行阻力作用于电动车组。电动车组在运行阻力的作用下，仍会使运行速度发生变化。为了进一步简化计算，通常假定在空走过程中，电动车组的运行速度不变，运行阻力的影响用修正空走时间的方法解决。因此，空走距离 s_k（m）可以简单地按下式计算：

$$s_k = \frac{1000 v_0 t_k}{3600} = \frac{v_0 t_k}{3.6}$$

式中　v_0——制动初速，km/h；

　　　t_k——空走时间，s。

空走时间由理论推导较为复杂，实际应用中通常通过大量试验，根据制动距离等效的原则归纳出经验公式。以下公式仅供参考。

旅客列车紧急制动：

$$t_k = 3.5 - 0.08 i_k$$

旅客列车常用制动：

$$t_k = (4.1 + 0.002 rn)(1 - 0.03 i_k)$$

式中　i_k——加算坡道的坡度，‰；

　　　r——列车管减压量，kPa；

　　　n——编组节数。

电动车组采用新型电空制动控制系统时，通常取其空走时间为 1s。

二、实制动距离的计算

在实制动过程中，动车组在制动力、运行阻力的作用下，运行速度从 v_0 降低到零。因此，实制动距离可以利用下面的公式求得。在制动力的计算中，忽略了回转质量，但回

转质量实际上还是要消耗一定的制动功率的。一般车辆回转折算质量约为车辆实际质量的 6%，为此在实制动距离的计算中，以 1.06 作为车辆质量修正系数，即用 1.06 倍的动车组的质量替代动车组的实际质量，可以进行以下计算：

$$s_e = \int_0^{v_0} \frac{1000 \times 1.06 \times mv \mathrm{d}v}{12.96(B+W_k)} = \int_0^{v_0} \frac{1000 \times v \mathrm{d}v}{12.23\left(\dfrac{B_m}{m} + \omega_0 + i_k g\right)}$$

上式中单位基本阻力 ω_0 是速度 v 的二次函数，制动力 B_m 中可能出现的摩擦系数也与速度有关。因此，上述积分直接计算比较困难，一般采用分段累计法或数值积分法计算。

第九章 SD 型数字式电气指令制动控制系统

第一节 基本原理和特点

城市轨道交通由于站距短，加速及停车频繁，故要求列车制动系统动作快、制动距离短、操纵灵活、停车平稳和准确。此外，由于城市轨道交通车辆自重轻，乘客负载的变化对车辆制动率影响很大，因此必须在各种变化条件下使车辆保持制动率恒定不变。

最近 20 年来，城市轨道交通车辆逐步采用功率电子逆变器进行电制动（包括再生制动和电阻制动），但在施行电制动过程中，开始的电制动电流上升有一定的延迟，而接近停车时，电制动电流下降又很快。在上述两种情况下，列车的恒功率制动都需要由空气制动来进行补偿电制动动力的不足。为了适应城市轨道交通车辆的这种特殊要求，早期北京地铁列车使用的空气制动系统是一种由长春客车工厂和铁道科学研究院等单位共同研制成功的国产 SD 型电空制动机。经过多年来的运行考验，表明它完全适应和满足地铁车辆的特殊要求，运行可靠，所以直至今日仍有部分北京地铁列车在继续使用。

北京地铁 SD 型电空制动机，是仿制当时的 Westing house 公司的韦斯特科德制动系统，属直通式电空制动机制式，数字式电气指令，控制单元为七级膜板中继阀。它由制动控制器、空重车调整阀、七级中继阀、控导阀、空电转换器、紧急电磁阀、故障缓解电磁阀、备用电磁阀和双向阀等组成（见图 9-1）。

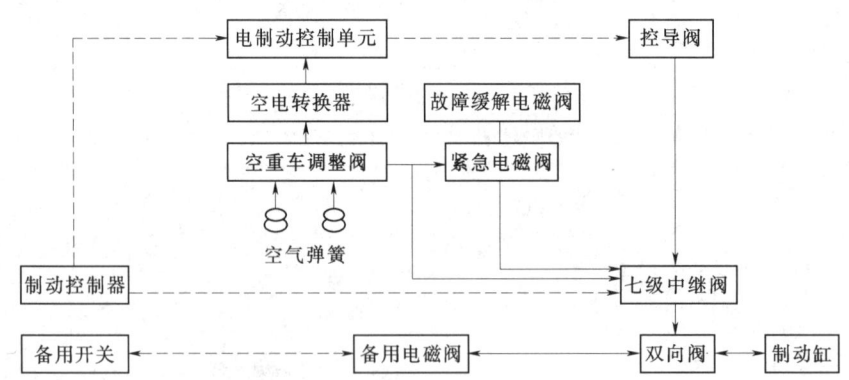

图 9-1 SD 型电空制动机系统框图
→ 压力空气流向；--→ 电流方向

制动控制器在司机的操纵下向列车的制动控制系统发出制动或缓解命令，即向电制动控制单元和七级中继阀发出指令。空重车调整阀相当于一个称重装置，它根据空气弹簧的压力信号，也就是车辆负载的大小，输出相应的空气压力，并经七级中继阀来控制进入制动缸的空气压力，使车辆保持恒定的制动率。如本书第五章第一节的介绍，七级中继阀是一个将电信号转换成压力空气的电磁阀，它将来自于制动控制器的指令信号，通过三个电磁阀的交互作用，把空气压力输入膜板室，按不同的组合方式输出七个逐级增量的常用制动空气压力值和一个紧急制动空气压力值提供给制动缸。此外，控导阀（EP阀）也将电制动的信号变为空气压力值输入到七级中继阀的混合器中，通过混合器的减法运算，减去电制动产生的制动力，使七级中继阀最终输出的是补充电制动不足部分的空气制动压力值。因此，七级中继阀实际上相当于一个空气加减法运算器。

空电转换器是把车辆负载变化信号输送给电制动系统的一个空-电信号变换器，它的作用是使电制动和牵引电流能与车辆负载相匹配。紧急电磁阀是为保证行车安全而设置的一种装置。当司机施行紧急制动或制动系统发生故障以及列车意外分离时，紧急电磁阀失电动作，并通过七级中继阀产生紧急制动作用。备用电磁阀是当正常制动系统发生故障时，司机仍能操纵列车制动、缓解，保证列车运行不中断的装置。双向阀是为七级中继阀与备用制动系统交替使用而设置的一个切换阀。故障缓解电磁阀是在正常制动系统发生故障而进行紧急制动后，改用备用制动系统时的一个缓解装置。

与以往各种自动式电空制动机相比，SD型电空制动机具有以下优点：

（1）该制动系统装有空重车调整装置，可根据车辆负载调节制动力，因此能实现列车恒定减速度，减少列车纵向冲动，使停车平稳。

（2）常用制动控制有七级，各级空气压力值变化均衡、上升时间基本一致，调速稳定、准确，操纵灵活、方便。

（3）与列车自动控制系统的连接十分容易，与电制动配合简单。在保证电制动优先作用下，空气制动能自动进行补偿，从而使列车制动力基本保持不变。这样既减少了闸瓦磨耗，又提高了乘客的舒适度。

（4）对制动和缓解指令反应快，作用迅速，空走时间短，因此制动距离短。

（5）设有紧急电磁阀，当列车紧急制动时，列车能迅速调用全部空气制动能力实行紧急制动。

（6）设有备用制动系统，当常用制动系统发生故障时，可启用备用制动系统，保证列车不中断运行。

（7）系统结构简单，集成度高，重量较轻，维修简单。

当然，SD型电空制动机也有缺点，由于采用有级控制，决定了它的控制精度较低。此外，控导阀的制作较复杂，因此其受材料和工艺的影响极大。

第二节 系 统 组 成

一、空重车调整阀

空重车调整阀的作用是根据车辆载重的变化，即根据乘客的多少，自动输出一个空气压力信号，并通过七级中继阀使车辆保持恒定的制动率。空重车调整阀的输入信号是车辆上二系弹簧（空气弹簧）传来的压力信号。考虑到车辆载重的不平衡，采取前后转向架对

第九章 SD型数字式电气指令制动控制系统

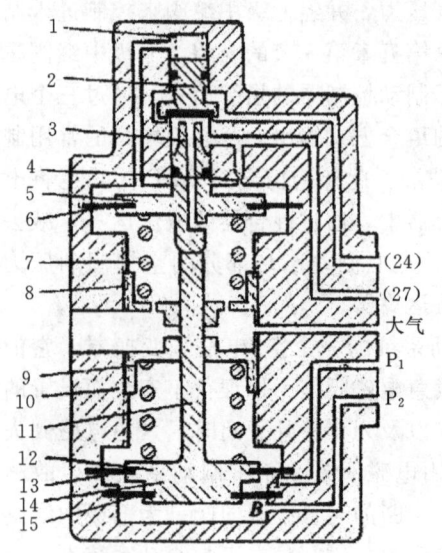

图9-2 空重车调整阀的构造
1—弹簧；2—给排阀；3—均衡活塞杆；4—节流孔；5—均衡活塞；6—膜板；7—上调整弹簧；8—上调整螺母；9—下调整弹簧；10—下调整螺母；11—活塞杆；12—大活塞；13—大膜板；14—小活塞；15—小膜板；(24)、(27)—通路

角的两个空气弹簧压力为输入信号，这样就能准确地使空重车调整阀的输出压力信号与乘客的多少成一定比例关系。

空重车调整阀的构造如图9-2所示，由上部的压力供排部分、中部的弹簧调整部分和下部的空气弹簧压力平均运算部分共同组成。

压力供排部分由弹簧、给排阀、均衡活塞杆、节流孔、均衡活塞和膜板组成。

弹簧调整部分由上调整弹簧、上调整螺母、下调整弹簧和下调整螺母组成。

空气弹簧压力平均运算部分由活塞杆、大活塞、大膜板、小活塞和小膜板组成。

空重车调整阀共有五条空气通路：通路(24)连接总风缸；通路(27)连接空重车调整阀输出；中间孔通大气；P_1和P_2分别连接两个转向架空气弹簧的压力信号输出。

当车辆处于空车状态时，由于空气弹簧的空气压力作用，将大膜板和小膜板向上推，其向上的推力与下调整弹簧的反力相平衡，使大膜板和小膜板处于水平位置，这时活塞杆刚好与均衡活塞杆相接触而无作用力，因此不能推动均衡活塞杆向上移动。空重车调整阀的输出压力可由上调整弹簧来调整，在上调整弹簧作用下，均衡活塞杆向上移动，打开给排阀，同时关闭了通大气的通路，使压力空气经过打开的给排阀，再经过通路(27)供给七级中继阀。同时，由总风缸传来的压力空气又经过节流孔送到均衡活塞的上方。当活塞上方的空气压力与下方的上调整弹簧的作用相平衡时，均衡活塞下移，给排阀在弹簧的作用下向下移动而关闭阀口，停止向通路(27)供风，即不向七级中继阀输出压力空气。七级中继阀输出的压力空气值相当于上调整弹簧的调整压力值。当空气弹簧压力为0.26MPa时，空重车调整阀输出压力设计值为0.3MPa。

当车载加重时，空气弹簧压力随乘客增加而升高，作用在大膜板和小膜板下部的空气压力也随着增大，下调整弹簧受压缩，使活塞杆推动均衡活塞上移，关闭通大气的通路，同时打开给排阀，使总风缸的压力空气经通路(24)向通路(27)供风，流向七级中继阀。同时，经节流孔流向均衡活塞的上方。当活塞上方作用力与空气弹簧作用力及调整弹簧的作用力相平衡时，空重车调整阀停止输出空气压力。当两个空气弹簧压力均为0.42MPa时，空重车调整阀输出压力设计值为0.42MPa。空气弹簧压力与空重车调整阀输出压力的关系如图9-3所示。

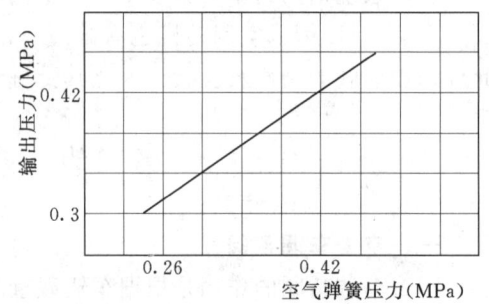

图9-3 空气弹簧压力与空重车调整阀输出压力的关系

当乘客减少时,空气弹簧压力也随着下降,均衡活塞向下作用力就大于空气弹簧及上调整弹簧的向上作用力,于是均衡活塞下移,给排阀切断通路(24)至通路(27)的空气通路。而均衡活塞杆向下移动离开了给排阀,通路(27)的空气压力经均衡活塞杆的空气孔排向大气。直到均衡活塞杆上方所受的空气压力与空气弹簧作用在大膜板和小膜板的力相平衡为止,于是均衡活塞杆再次上移,使其与给排阀接触,切断大气通路成为平衡状态。如果因为空气弹簧破裂而无空气压力时,由于上调整弹簧的作用,能在任何情况下保证空重车调整阀输出空车时的压力为 0.3MPa。

为了使空重车调整阀输出的压力和载重成比例关系,在设计膜板时,各膜板必须有一定的比例。已知空车时,空气弹簧压力为 0.26MPa,空重车调整阀输出压力为 0.3MPa;重车时,空气弹簧压力为 0.42MPa,空重车调整阀输出压力为 0.42MPa。根据空重车调整阀的输出和空气弹簧的压力变化,来选择三个膜板的面积比(见图 9-4)。

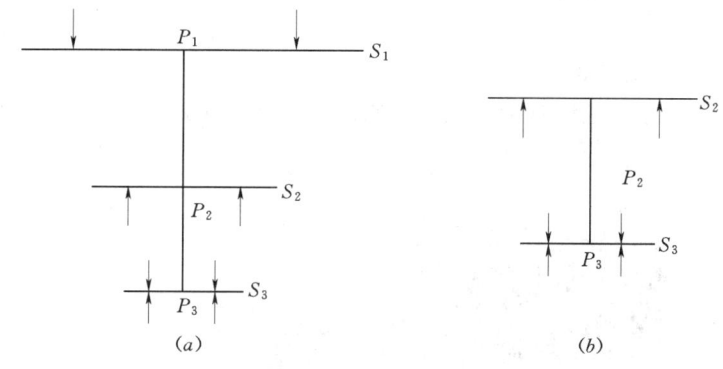

图 9-4 膜板的压力和面积比例关系

由空车到重车时,空气弹簧压力变化为
$$P_2 = 0.42 - 0.26 = 0.16 \text{MPa}$$
由空车到重车时,空重车调整阀输出压力变化为
$$P_1 = 0.42 - 0.3 = 0.12 \text{MPa}$$
根据保压时三个膜板作用力的平衡条件,建立如下方程:
$$P_1 S_1 + P_2 S_2 = P_3 S_3 + P_2 S_2$$
如果 $P_2 = P_3$,则得
$$P_1 S_1 = P_2 S_2$$
将 P_1、P_2 数值代入上式,则得
$$1.2 S_1 = 1.6 S_2$$
所以
$$\frac{S_2}{S_1} = \frac{1.2}{1.6} = 0.75$$

S_3 可按如下方法求出:当两个空气弹簧压力不同时,空重车调整阀输出压力应与两个弹簧的空气压力平均值相适应,如图 9-4(b)所示,可得
$$P_2 S_2 + P_3 S_3 - P_2 S_3 = \frac{P_2 + P_3}{2} S_2$$

$$S_3(P_3 - P_2) = \frac{P_2 + P_3}{2}S_2 - P_2 S_2$$

$$S_3 = \frac{P_3 - P_2}{2(P_3 - P_2)}S_2$$

$$S_3 = \frac{S_2}{2}$$

由上式可得出 S_3 膜板面积应是 S_2 膜板面积的 0.5，S_2 膜板面积是 S_1 膜板面积的 0.75，即 $S_1 : S_2 : S_3 = 1 : 0.75 : 0.375$。

二、七级中继阀

七级中继阀是一个用电气控制的，并能进行加减法运算的电空阀。来自制动控制器的指令信号，通过三个电磁阀的相互励磁和消磁，使压力空气进入七级中继阀膜板室内，按不同的组合方式相加减，可以得到七个逐级增量值的空气压力，输出后供给制动缸产生制动和缓解作用。

（一）七级中继阀的构造

七级中继阀的上部是三个常用电磁阀（CZF_1、CZF_2、CZF_3）和压力给排部分，中部是混合器，下部是膜板组（见图 9-5）。

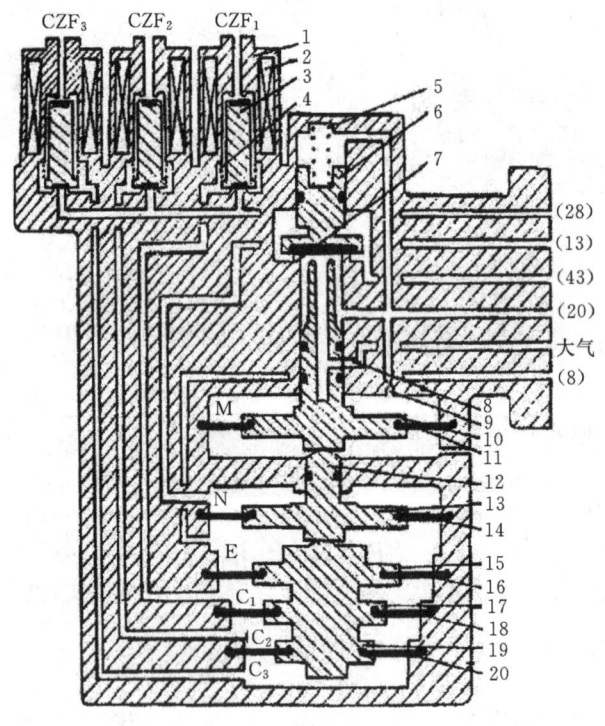

图 9-5 七级中继阀的构造

1—阀体；2—线圈；3—铁芯；4—弹簧；5—给排阀弹簧；6—给排阀；7—大阀口；8—作用杆；
9—节流孔；10—均衡活塞；11—均衡膜板；12—活塞杆；13—活塞；14—混合器膜板；
15—常用制动膜板组活塞；16—常用上膜板；17—中活塞；18—常用中膜板；
19—下活塞；20—常用下膜板；(8)、(13)、(20)、(28)、(43)—通路

常用电磁阀是三个 Q23×D 型电磁阀,工作电压为直流 110V。它由阀体、线圈、铁芯和弹簧组成。此外,它有三个空气通道,由空重车调整阀输出的压力空气由通道(28)进入电磁阀下部阀口,上部阀口通大气,侧面通路则通向膜板组的膜板室。

压力给排部分是连通总风缸到制动缸或制动缸通大气的机构,它由给排阀弹簧、给排阀、大阀口、作用杆、节流孔、均衡活塞和均衡膜板组成。当膜板室冲入压力空气时,作用杆向上移动,首先关闭排气阀口,然后打开给排阀,再打开大阀口,使从通路(43)传来的压力空气经通路(20)进入制动缸。当膜板室的压力空气排出时,作用杆向下移动,给排阀落在大阀口上,作用杆上的排气口离开了给排阀,使制动缸内的压力空气经排气口排于大气。当均衡膜板上方 M 室的压力空气与作用在膜板组上的压力空气平衡时,作用杆处于中间位置,给排阀压在大阀口上,作用杆上的排气口仍与给排阀接触,制动缸压力空气处于保压状态。给排阀柱塞上装有两个 O 形密封圈,柱塞上方与制动缸相通,其目的是为了减少给排阀的背压。作用杆上装有两个 O 形密封圈,作用杆的空心通路与大气相通,均衡活塞下方通大气。作用杆下端与混合器活塞杆相接触。

混合器由活塞杆、活塞和混合器膜板组成。膜板上方 N 室通控导阀,膜板下方 E 室通紧急电磁阀。

膜板组由三个膜板及活塞组成,即常用制动膜板组活塞和常用上膜板、中活塞和常用中膜板、下活塞和常用下膜板。各膜板的有效作用面积比为

$$S_\text{上} : S_\text{中} : S_\text{下} = 7 : 6 : 4$$

膜板组构成三个空气室,即 C_1、C_2 和 C_3,它们分别与 CZF_1、CZF_2 和 CZF_3 三个常用电磁阀相通。

七级中继阀的阀座上有六条通路(见图 9-5):通路(28)与空重车调整阀连通;通路(13)与控导阀连通;通路(43)与总风缸连通;通路(20)与制动缸连通;通路(8)与紧急电磁阀连通;还有一条与大气连通。

(二)七级中继阀的作用

常用制动时由司机操纵控制器,使三个常用电磁阀 CZF_1、CZF_2 和 CZF_3 交替励磁和消磁,三个膜板室 C_1、C_2 和 C_3 分别充气和排气。根据其组合的不同,制动缸有七个压力值。当发出一级制动指令信号时,仅 CZF_1 常用电磁阀励磁,此时空重车调整阀的输出压力空气经 CZF_1 电磁阀的下阀口进入 C_1 室,空气压力作用在常用上膜板和常用中膜板上,常用上膜板受向上作用力,而常用中膜板受向下作用力。由于两个膜板面积比为 $S_\text{上} : S_\text{中} = 7 : 6$,所以常用上膜板的作用力大于常用中膜板的作用力,使膜板组受到向上的作用力,该作用力为一个逐级增量值,它通过活塞杆传递给作用杆,使作用杆向上移动,打开给排阀,使总风缸内的空气压力通过大阀口进入制动缸和给排阀的上端,并经节流孔进入均衡活塞上方 M 室,以实现平衡作用。

当进入制动缸的压力空气,即作用在均衡膜板上的压力空气与作用在膜板组上的压力空气的作用力平衡时,作用杆向下移动,在给排阀弹簧的作用下关闭大阀口,使七级中继阀处于保压状态,制动缸压力保持不变。当制动缸压力需要增高或降低时,给排阀均能自动排除增高的压力空气或自动补偿降低的压力空气,以保持制动缸压力不变。

缓解时,CZF_1 电磁阀消磁,C_1 室内的压力空气经 CZF_1 电磁阀的上方排气孔排向大

气。由于均衡膜板受到向下的空气压力作用，此时，推动均衡活塞及作用杆向下移动，作用杆与给排阀离开，打开了制动缸通大气的通路，制动缸的空气经通路（20），再经作用杆内的空心通路排向大气，同时给排阀上端和均衡活塞 M 室的空气经节流孔排向大气，使制动缸呈缓解状态。

常用制动及缓解作用 1～7 级的动作过程完全一样，通过常用电磁阀的交替励磁和消磁，使制动缸得到 1～7 个逐级增量值的压力值。

常用制动 1～7 级电磁阀励磁和消磁及膜板室排列组合如表 9-1 所示。在维修过程中，为了迅速查找出常用制动故障，要求维修人员熟记下列各位吸合顺序：一位（1）、二位（2）、三位（1）（2）、四位（3）、五位（1）（3）、六位（2）（3）、七位（1）（2）（3）。

表 9-1　　　　常用制动 1～7 级电磁阀励磁和消磁及膜板室排列组合表

常用电磁阀结构	司机控制器手柄位置	电磁阀消、励磁				充气膜板室	输出压力等级	
		CZF	CZF_1	CZF_2	CZF_3			
阀体 线圈 铁芯 弹簧	运转位	0	—	—	—	无	无	无
	制动区 1	0	0	—	—	C_1	7－6	1
	制动区 2	0	—	0	—	C_2	6－4	2
	制动区 3	0	0	0	—	C_1+C_2	(7－6)+(6－4)	3
	制动区 4	0	—	—	0	C_2	4	4
	制动区 5	0	0	—	0	C_1+C_3	(7－6)+4	5
	制动区 6	0	—	0	0	C_2+C_3	(6－4)+4	6
	制动区 7	0	0	0	0	$C_1+C_2+C_3$	(7－6)+(6－4)+4	7
	紧急制动位					E	8	8

注　"0"表示有电励磁；"—"表示无电消磁。

当载重不变即空重车调整阀输出压力一定时，制动缸各级压力值如图 9-6 所示。

紧急电磁阀是经常励磁的，当实行紧急制动时，紧急电磁阀消磁，由空重车调整阀输出的压力空气经通路（8）进入七级中继阀 E 室，推动均衡活塞上移，打开给排阀，这时与常用制动时的动作过程一样，使总风缸压力空气通向制动缸。同时，制动缸的压力空气经节流孔进入均衡活塞上方的 M 室。紧急制动时制动缸压力比常用制动 7 级的压力高 10% 左右。当常用制动后转紧急制动时，为了防止压力叠加，C_1、C_2 和 C_3 室内没有压力空气。

（三）空气制动与电制动的配合

当空气制动与电制动（再生制动和电阻制动）配合使用时，就要求在电制动力增加时，空气制动的制动缸压力减少；而在电制动力随着速度下降而减小时，空气制动的制动缸压力能自动上升，以补偿电制动力的不足，使的制动力保持恒定。

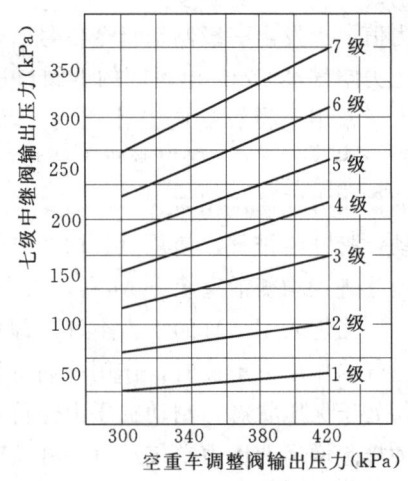

图 9-6　空重车调整阀输出压力

七级中继阀中的混合器就是用于完成这个任务的。例如，当 7 级常用制动时（1~6 级常用制动与此类同），电磁阀 CZF_1、CZF_2 和 CZF_3 均动作，膜板室 C_1、C_2 和 C_3 均充气，假如其充气压力为 P_1，这时七级中继阀向制动缸充气压力为 P_2，如果没有电制动力，即混合器膜板上方 N 室没有空气压力，则有如下关系：

$$P_1 S_1 = P_2 S_M$$

式中　S_1——膜板组最大一块膜板的有效面积；

　　　S_M——均衡膜板的有效面积。

如果有电制动力，则通过控导阀转换成相对应的空气压力 P_3。当混合器膜板的面积为 S_M 时，则改变为如下关系：

$$P_1 S_1 = P_2 S_M + P_3 S_N$$

式中　P_2——有了电制动后制动缸压力的下降值；

　　　P_3——控导阀输出压力；

　　　S_N——混合膜板有效面积。

由 $P_2 S_M = P_1 S_1 - P_3 S_N$ 可见，制动缸压力 P_2 与对应电制动力的空气压力 P_3 直接相关。

当电制动充分发挥作用时，相应于电制动力的空气压力经通路（13）进入混合膜板室 N，其向下作用力与作用在 C_1、C_2 和 C_3 室的向上空气压力相减，以推动作用杆，打开给排阀，使总风缸的压力空气进入制动缸，使制动缸保持 0.06MPa 左右的预压力，以便克服制动缸缓解弹簧力，使闸瓦紧贴车轮，作好随时迅速增加制动力的准备。

当电制动力衰减时，相应于电制动力的七级中继阀 N 室内的空气压力也随之下降，而制动缸压力即随之增加，以实现空气制动补偿电制动的不足，达到总制动力不变的目的。

三、控导阀

控导阀是一个电-空转换装置，它将电制动时（再生制动和电阻制动）检测出的电流信号按一定的比例关系变换为空气压力信号，然后将该压力信号在七级中继阀的混合器内与制动控制器所操纵相应级别的空气指令压力值作比较，以便确定空气制动来补偿电制动力的不足。这样就可以达到空气制动和电制动的协调配合，在整个制动过程中保持制动力不变。

控导阀由空气作用部分和电磁部分组成（见图 9-7）。

空气作用部分主要由弹簧、给排阀、作用杆、节流孔、活塞和膜板组成。它有两条通路，其中通路（48）与总风缸管相通，通路（14）与七级中继阀的混合器 N 室相通。

电磁部分主要由顶杆、外壳、线圈、铁芯、钢

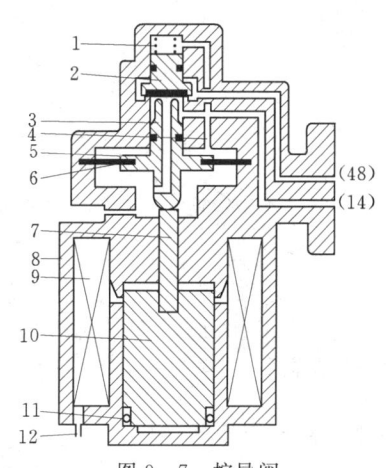

图 9-7　控导阀

1—弹簧；2—给排阀；3—作用杆；4—节流孔；5—活塞；6—膜板；7—顶杆；8—外壳；9—线圈；10—铁芯；11—钢球；12—引线；(14)、(48)—通路

第九章 SD型数字式电气指令制动控制系统

球和引线组成。

当控导阀线圈在无电状态时，铁芯连同顶杆处于最下端位置，活塞坐落在顶杆上，这时七级中继阀的混合器 N 室经通路（14），再经打开的作用杆内的空心通路与大气连通。给排阀在弹簧的作用下关闭阀口，切断供风通路（14）。

当控导阀线圈在有电状态时，即当使用电制动时，线圈有电流通过，铁芯被吸引而向上作用，推动顶杆和活塞向上移动，首先给排阀关闭作用杆到大气的通路，然后顶开了给排阀，使总风缸管的压力空气经通路（48）及打开的阀口，再经通路（14）流到七级中继阀中混合器的 N 室参加运算。与此同时，通路（14）的空气经节流孔到活塞上方气室，当铁芯向上的吸力与活塞向下的作用力平衡时，给排阀在弹簧的作用下关闭阀口，切断总风缸经通路（48）向七级中继阀混合器 N 室的供风，使控导阀呈保压状态。

当线圈中的电流增加时，铁芯又继续向上移动打开给排阀，与上述过程一样又向七级中继阀的混合器 N 室供风。向 N 室供风的大小与线圈中的电流有关，电流越大，供给 N 室内的空气压力越高；反之，当线圈中的电流减小时，供给 N 室内的空气压力就下降。

必须指出，控导阀的输出压力与电制动时输出的电流信号不成线性关系，这是由于磁性材料的特性决定的，为此采用了一套控制线路使控导阀输出压力与电制动力具有较好的线性关系。

图 9-8 是控导阀与控制线路的配合特性曲线，从该图中可以看出，虚线 1 是控导阀特性曲线，当输入电流增加时，输出压力呈略有下降的趋势；虚线 2 是控制线路特性曲线，在输入电流增加的同时，输出电流增加得略快些，利用这个特点就能使控导阀的综合输出特性呈线性变化；实线 3 就是控导阀的综合输出特性。

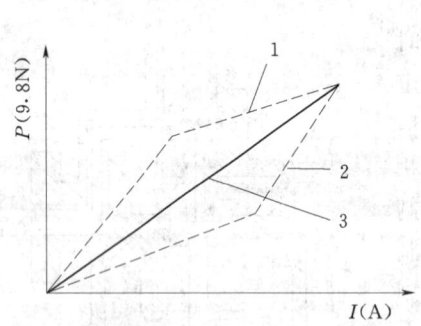

图 9-8 控导阀与控制线路配合特性
1—控导阀特性；2—控制线路特性；
3—综合输出特性

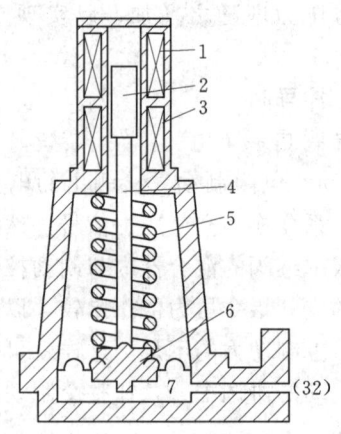

图 9-9 空电转换器
1—线圈；2—铁芯；3—阀体；4—杆；
5—弹簧；6—活塞；7—S形模板

四、空电转换器

空电转换器是将空气压力变换成电信号的空电转换装置，它的作用是将空重车调整阀的输出空气压力转换为电信号，以供给动车进行牵引和电制动使用，使牵引力和电制动力也随着车辆载重不同来改变。这样一来，空电转换器能根据载重的大小来调整牵引力和电制动（再生制动和电阻制动）的制动力。

空电转换器由压力传感部分和差动变压器部分组成（见图9-9）。

压力传感部分由S形膜板、活塞、杆、弹簧和阀体组成。空电转换器仅有一条连通空重车调整阀的通路。从空重车调整阀输出的空气压力经该通路到达活塞下方的腔室内。

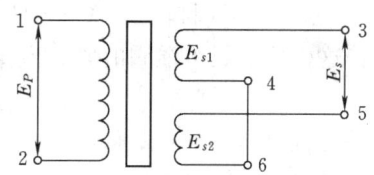

图9-10 差动变压器的接线图

差动变压器部分是把压力传感部分的机械位移量转换为相应的电压或电流值。差动变压器的线圈采用二段式，初级线圈供给400Hz、24V交流电；次级的两组线圈是反接的，铁芯处于中间状态时，其输出电压为零。差动变压器部分主要由引线抽头、线圈、铁芯和外壳组成。图9-10是差动变压器的接线图。该图中，E_s为次级线圈的输出电压，$E_s = E_{s1} - E_{s2}$，其中E_{s1}为次级线圈3、4端电压，E_{s2}为次级线圈5、6端电压。

空重车调整阀的输出压力经通路进入空电转换器活塞下方的腔室内，推动活塞向上移动，并压缩弹簧使杆带动铁芯产生一定的位移，这时在差动变压器的初级线圈中，由于有一定的交流电压，使线圈励磁，即产生以铁芯为磁路中心的交变磁通，次级线圈感应出交流电压，感应出的次级电压随着铁芯位移而变化。当铁芯在中心位置时，次级的差值电压E_s值为零；当铁芯位置离开铁芯的中心位移越大，次级电压E_s值成比例地增加。反之，当上述位移减小时，则E_s值也随着减小。图9-11所示为空电转换器空气压力与差动变压器输出电压的关系。

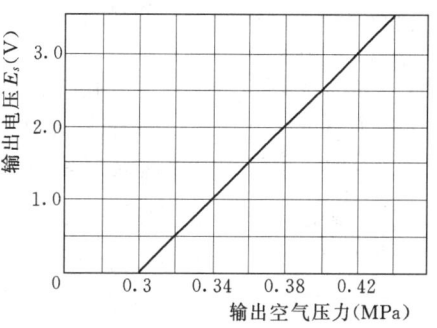

图9-11 空电转换器空气压力与差动变压器输出电压的关系

五、电磁阀及气动阀

（一）紧急电磁阀

紧急电磁阀（GZF）是当常用制动发生故障时，为保证行车安全使列车紧急停车的一种电磁阀。

电磁阀一般在下述情况下发生紧急制动作用：

(1) 司机控制器手柄转至紧急位时。

(2) 整列车中某个车钩分离时。

(3) 主控制线路断线时。

(4) 常用制动电气指令突然中断时。

(5) 列车自动控制系统发出紧急制动指令时。

紧急电磁阀是经常带电的制动装置，它的电磁铁可在79～127V的电压范围内工作，其工作范围大于直流110V电压波动（79～124V）。

紧急电磁阀主要由阀体、线圈、铁芯、上阀口、阀、弹簧和下阀口等组成，它有两个接口［即图9-13中的（55）和（58）两个接口］，还有一条经上阀口上部直通大气的通路（见图9-12）。

第九章 SD型数字式电气指令制动控制系统

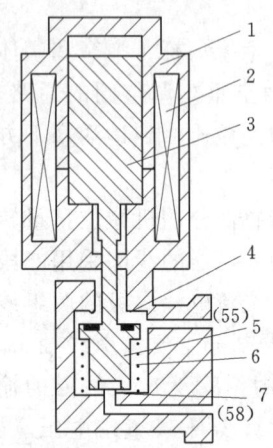

图 9-12 紧急电磁阀
1—阀体；2—线圈；3—铁芯；4—上阀口；5—阀；6—弹簧；7—下阀口；(55)、(58)—通路

紧急电磁阀通常是带电的，线圈通有110V（额定值）的直流电，线圈通电后产生磁力，把铁芯压在下阀口上，关闭通路 (58)，使通路 (55) 与大气相通，这样使七级中继阀的紧急室 E 通向大气。

当进行紧急制动时，电磁阀无电消磁，则弹簧推动阀，关闭上阀口，使通路 (58) 与通路 (55) 连通，这样，由空重车调整阀输出的压力与七级中继阀的 E 室相通，产生紧急制动作用。

当紧急电磁阀恢复供电后，铁芯又被吸而向下移动，推动阀，关闭下部阀口，切断通路 (55) 和通路 (58)，并使通路 (55) 与大气相通，七级中继阀紧急室 E 的压力空气经七级中继阀输出接口 (8) 进入紧急电磁阀的通路 (55) 再排向大气，制动机缓解。

由于地铁车辆的直流 110V 电压波动较大（低压可达 79V，高压可达 124V），而空气压力也随着车辆载重的大小而变化，空车时空气压力为 0.3MPa，重车时空气压力为 0.42MPa。在上述情况下，紧急电磁阀应能可靠地工作。当处于不同空气压力时，电磁阀的启动电压和释放电压曲线如图 9-13 所示。

由曲线 1 可以看出，当压力空气从 0.1MPa 上升到 0.5MPa 时，它的启动电压从 42V 转变到 50V；曲线 2 表示电磁阀的释放电压从 18V 转变到 24V。

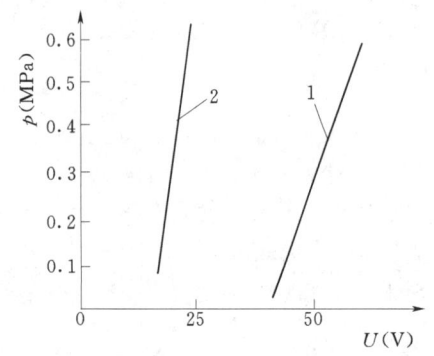

图 9-13 电磁阀的启动电压和释放电压曲线
1—启动电压曲线；2—释放电压曲线

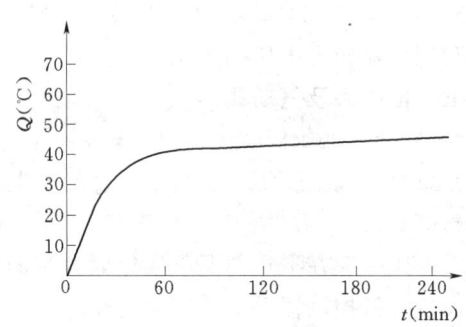

图 9-14 电磁阀的温升曲线

当直流电压为 124V 时，电磁阀的温升曲线如图 9-14 所示。

由图 9-14 可以看出，在 124V 经常带电的情况下温升的最大值为 41.3℃（允许温升 65℃），这就可以保证紧急电磁阀在长时间带电情况下不致烧坏线圈。

（二）故障缓解电磁阀

故障缓解电磁阀（QZF）的构造与紧急电磁阀完全相同，它主要是为了切断由空重车调整阀到紧急电磁阀的空气通路，并可以使紧急制动后的制动机缓解，即排出七级中继阀 E 室内的压力空气。

当紧急制动后常用制动又不能使用时,便可使用故障缓解电磁阀进行缓解,使故障缓解电磁阀励磁,压下阀,关闭下阀口。由于故障缓解电磁阀的上阀口与紧急电磁阀的下阀口连通,因此紧急电磁阀接口(58)就与大气连通,紧急电磁阀铁芯下落,使七级中继阀E室的空气压力仍经接口(8)和紧急电磁阀通路(55)排向大气,从而使车辆强迫缓解。在使用备用制动系统过程中,故障缓解电磁阀一直保持在励磁状态。

(三) 备用制动电磁阀

为了确保行车安全,地铁车辆上必须设有备用制动系统。当常用制动系统因故障不能使用时,可以使用备用制动系统,以保证乘客和列车的安全。备用制动系统的电磁阀有两个,分别为备用制动电磁阀 BZF_1 和备用保压电磁阀 BZF_2,它由 MFZ1—4D 型 110V 直流电磁阀和由 O 形密封圈柱塞阀构成的压力供排部分组成(见图 9-15)。

备用制动系统是直通型的电空制动,它根据两个电磁阀通电时间长短来获得不同的制动缸压力。两个电磁阀的交替励磁,可以获得阶段制动和阶段缓解。

备用制动电磁阀 BZF_1 和备用保压电磁阀 BZF_2 的结构形式基本相同,它们主要由阀体、线圈、铁芯、柱塞、O 形密封圈和弹簧等组成。

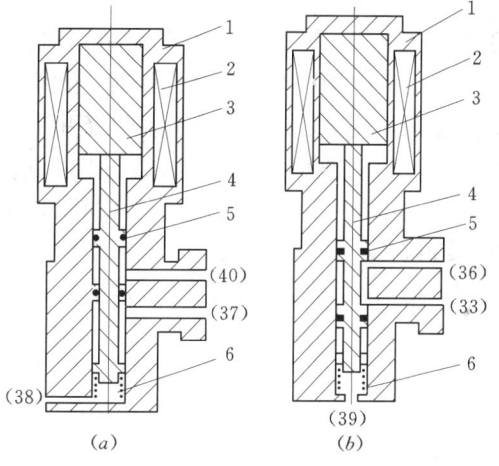

图 9-15 备用制动电磁阀和备用保压电磁阀
(a) 备用制动电磁阀;(b) 备用保压电磁阀
1—阀体;2—线圈;3—铁芯;4—柱塞;5—O 形密封圈;6—弹簧;(33)、(36)、(37)、(38)、(39)、(40)—通路

备用制动电磁阀 BZF_1 有三条通路:通路(40)通向总风缸管;通路(37)与备用保压电磁阀 BZF_2 的通路(36)相连通;通路(38)通向大气。

备用保压电磁阀 BZF_2 也有三条通路:通路(36)连通备用制动电磁阀的通路(37);通路(33)连通双向阀和安全阀并通向制动缸;通路(39)通向大气。

当使用备用制动系统时,应首先把备用开关置于缓解位。

故障缓解电磁阀励磁,排出紧急制动后的制动缸压力,同时切断了空重车调整阀至紧急制动后电磁阀的空气通路。

当备用制动开关置于制动位时,备用制动电磁阀 BZF_1 励磁,铁芯被吸下,压迫柱塞下移,连通通路(40)与通路(37),关闭了通路(37)通大气的通路;备用保压电磁阀 BZF_2 消磁,通路(36)与通路(33)相通,从总风缸来的压力空气经两个电磁阀,再经双向阀进入制动缸,产生制动作用。

当备用制动开关置于保压位时,备用制动电磁阀 BZF_1 消磁,柱塞受弹簧的反力向上移动,切断通路(40)与通路(37);备用保压电磁阀 BZF_2 励磁,铁芯被吸下,压迫柱塞下移,切断了通路(36)与通路(33),停止向制动缸供风,制动缸处于保压状态。

当备用制动开关置于缓解位时,备用制动电磁阀 BZF_1 和备用保压电磁阀 BZF_2 均消磁,备用制动电磁阀 BZF_1 切断了通路(40)与通路(37),备用保压电磁阀 BZF_2 沟通了通路（36）与通路（33），使制动缸压力空气经双向阀的通路（17）、通路（63）及备用保压电磁阀BZF_2的通路（33）、通路（36）和备用制动电磁阀BZF_1的通路（37）排向大气，制动缸呈缓解状态。

（四）双向阀

双向阀是为处于制动系统转向备用制动系统，改变制动缸进气通路而设置的，其结构如图9-16所示。双向阀由阀体、阀芯和O形密封圈组成。它有三个通路：通路（19）通七级中继阀；通路（17）通制动缸；通路（63）通备用保压电磁阀BZF_2。

当七级中继阀产生制动作用时，七级中继阀的输出压力经过通路（19）进入双向阀阀芯的左端，将阀芯推向右方，切断备用制动系统通制动缸的通路，压力空气沿通路（19）和通路（17）进入制动缸；反之，也可以使制动缸的压力空气经通路反方向排向大气。

当使用备用制动系统时，总风缸的压力空气经备用制动电磁阀BZF_1和备用保压电磁阀BZF_2，由通路（63）进入双向阀阀芯的右端，将双向阀阀芯推向左方，切断通向七级中继阀的通路（19），使总风缸传来的压力空气沿通路（63）和通路（17）进入制动缸；反之，也可使制动缸的压力空气经通路反方向排向大气。

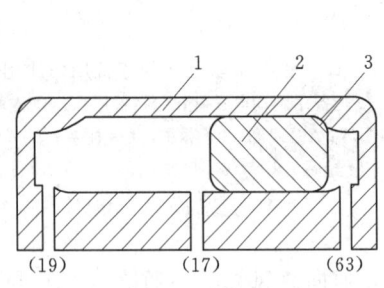

图9-16 双向阀
1—阀体；2—阀芯；3—O形密封圈；
（17）、（19）、（63）—通路

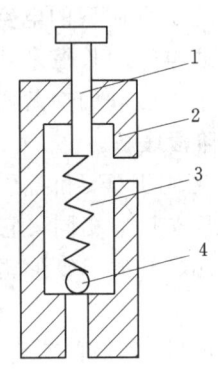

图9-17 安全阀
1—调整螺柱；2—阀体；
3—弹簧；4—钢球

（五）安全阀

使用备用制动系统时，因总风缸管直接向制动缸充风，为防止制动缸压力过高，而设置了安全阀。安全阀由调整螺柱、阀体、弹簧和钢球组成（见图9-17）。

当使用备用制动系统时，若制动缸压力超过规定压力（规定压力值为3.0MPa），压力空气推开钢球并压缩弹簧，将超过规定压力的空气排向大气。调整螺柱可以调整弹簧对钢球的压力，通常调到规定的安全压力。压力调好后应施加铅封。

第三节 制动原理和过程

SD型电空制动机的制动原理和过程（见图9-18）。

一、运转位

制动控制器手柄置于运转位时，七级中继阀的常用电磁阀CZF_1、CZF_2、CZF_3均消

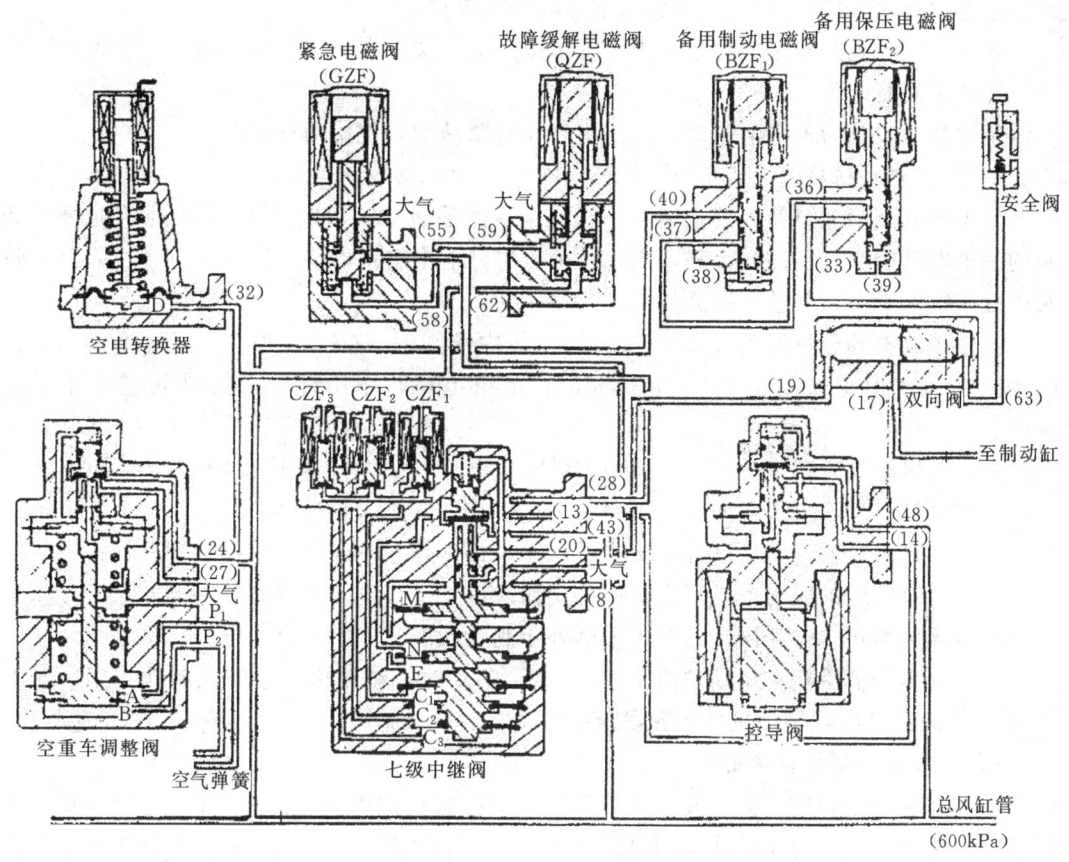

图 9-18 SD 型电空制动机的制动原理和过程

磁，仅通常情况下带电的紧急电磁阀 GZF 励磁。七级中继阀各膜板室的压力空气分别由各常用电磁阀的排气口排向大气，制动缸的压力空气经双向阀、七级中继阀作用杆的空心通路排向大气，制动机呈缓解状态。其通路如下。

(1) 七级中继阀膜板室 C_1、C_2、C_3 的压力空气分别通过 CZF_1、CZF_2、CZF_3 通向大气。七级中继阀 E 室的压力空气经通路 (8) 和通路 (55) 进入紧急电磁阀 GZF 后再通向大气。七级中继阀 N 室的压力空气经输出通路 (13) 和控导阀输入口 (14)，再经控导阀作用杆通向大气。

(2) 制动缸的压力空气经双向阀的通路 (17) 和通路 (19) 与七级中继阀的输入口 (20) 进入七级中继阀的作用杆空心通路再通向大气。

(3) 空重车调整阀根据空气弹簧的压力（即车辆载重）输出相应压力的压力空气，经下列通路输送到各处，以备应用：

1) 通过空重车调整阀的输出口 (27) 进入七级中继阀的输入口 (28) 到 CZF_1、CZF_2、CZF_3 各阀口下。

2) 通过空重车调整阀的输出口 27 经空电转换器输入口 (32) 到 D 室。

3) 通过空重车调整阀的输出口 27 经故障缓解电磁阀输入口 (62) 和输出口 (59)，

到紧急电磁阀输入口（58），再到紧急电磁阀的下阀口。

此时，控导阀、备用制动电磁阀、备用保压电磁阀和故障缓解电磁阀均不发生作用。

二、常用制动位

常用制动位分为不与电制动配合使用和与电制动配合使用两种工况。

（一）不与电制动配合使用

在不与电制动配合使用的工况下，制动控制器手柄在常用制动 1～7 级时，七级中继阀的三个电磁阀交替励磁和消磁，制动缸可以得到七个级别的制动压力。此时，紧急电磁阀仍处于励磁状态，其空气通路如下：

空重车调整阀经（27）、（28）口进入七级中继阀的 CZF_1、CZF_2、CZF_3 和 C_1、C_2、C_3 各空气室。由于 C_1、C_2、C_3 室充气，膜板组上移，作用杆推开给排阀，打开下列通路：

（1）总风缸管的压力空气经七级中继阀输入口（43）进入给排阀口，再经输出口（20）、输入口（19）进入双向阀，再通过输出口（17）进入制动缸。

（2）总风缸管的压力空气经七级中继阀输入口（43）进入平衡膜板室 M。

（3）总风缸管的压力空气经七级中继阀输入口（43）进入给排阀柱塞上方。

其他通路与运转位相同。此时，车辆处于制动状态。

当制动控制器手柄在制动位由 1→7 级逐级移动时，制动机发生阶段制动作用；而由 7→1 级逐级移动时，制动机发生阶段缓解作用。

（二）与电制动配合使用

在与电制动配合使用的工况下，制动控制器手柄在常用制动 1～7 级，电制动发生作用。这时经制动电流检测线路检测出的电制动电流信号送入控导阀，通过控导阀把电流信号转换成空气压力，此压力空气进入七级中继阀的混合器，其空气通路如下：

（1）总风缸管经输入口（48）进入控导阀的给排阀，再通过（14）、（13）口进入七级中继阀混合器 N 室。

（2）总风缸管经输入口（48）进入控导阀的给排阀，再进入平衡膜板上侧室。

（3）进入七级中继阀混合器 N 室的压力空气向下的作用力与膜板组向上的作用力相减之后，此作用力之差使膜板上移，作用杆顶开给排阀，总风缸向制动缸充气。制动缸压力即为补偿电制动力不足所需要的压力。

三、紧急制动位

当制动控制器手柄置于紧急制动位时，七级中继阀的三个常用电磁阀全部失磁，紧急电磁阀也失磁，制动机发生紧急制动作用，其空气通路如下。

空重车调整阀经（27）、（62）口进入故障缓解电磁阀，再经（59）、（58）口进入紧急电磁阀，再通过（55）、（8）口进入七级中继阀 E 室。由于 E 室充气，混合器活塞向上移动，作用杆被推上移，顶开给排阀，打开下列通路：

（1）总风缸管经（43）口到七级中继阀的给排阀口，再经（20）、（19）口进入双向阀，再通过（17）口进入制动缸。

（2）总风缸管经（43）口到七级中继阀的给排阀口，再到 M 室。

（3）总风缸管经（43）口到七级中继阀的给排阀口，再到给排阀柱塞上侧室。

制动缸可得到较常用制动 7 级时高 10% 左右的压力。

当正常制动系统或电气线路部分发生故障、列车分离和不按规定放置头中尾开关时，紧急电磁阀无电，发生紧急制动作用。当列车正处于常用制动状态而发生紧急制动时，三个常用电磁阀断电失磁，膜板室 C_1、C_2、C_3 中的压力空气都排向大气，仅 E 室充有压力空气，这就避免了紧急制动和常用制动同时作用。

四、备用制动

运行中，当正常制动系统失灵时，司机可以操纵备用制动系统继续运行。备用制动开关有四个位置，即运转位、故障缓解位、保压位和制动位。操纵备用制动开关时，备用制动电磁阀 BZF_1、备用保压电磁阀 BZF_2 和故障缓解电磁阀 QZF 的励磁和失磁情况如表 9-2 所示。

表 9-2　　　　　　　　各类电磁阀的激磁与失磁情况

操纵位置	备用制动电磁阀 BZF_1	备用保压电磁阀 BZF_2	故障缓解电磁阀 QZF
运转位	—	—	—
故障缓解位	—	—	0
保压位	—	0	0
制动位	0	—	0

注　"0"表示励磁；"—"表示失磁。

在使用正常制动系统时，备用开关应置于运转位，备用制动电磁阀 BZF_1 和备用保压电磁阀 BZF_2 均无电，其铁芯和柱塞处于上端位置，其通路是：总风缸管经（40）口到备用制动电磁阀 BZF_1。

故障缓解电磁阀 QZF 也是无电失磁，其铁芯处于上端位置，故通大气的通路被切断，（62）口至（59）口通路开放。

当正常制动系统因故失灵，发生紧急制动后，使用备用制动系统时，先将备用制动开关置于故障缓解位，故障缓解电磁阀 QZF 通电激磁后，铁芯被吸下，其阀关闭通路（62），沟通下列通路：七级中继阀 E 室经（8）、（55）口到紧急电磁阀 GZF（失磁），再经（58）、（59）口到故障缓解电磁阀 QZF 阀口，再通向大气。E 室压力空气排入大气，因而制动缸内压力空气经（17）口进入双向阀，再经（19）、（20）口进入七级中继阀，通过作用杆空心通路通向大气。

备用制动开关置于保压位时，备用制动电磁阀 BZF_1 断电失磁，备用保压电磁阀 BZF_2 和故障缓解电磁阀 QZF 通电激磁。（40）口与（37）口、（36）口与（33）口之间的通路均被切断，制动缸压力停止上升，呈制动保压状态。

当保压制动开关置于故障缓解位时，备用制动电磁阀 BZF_1 和备用保压电磁阀 BZF_2 均无电失磁，它们沟通下列通路：制动缸经（17）口—双向阀—（63）口—（33）口—备用保压电磁阀 BZF_2—（36）口—（37）口—备用制动电磁阀 BZF_1—（38）口—大气。

通过长期运行考验和不断改进，SD 型数字式电气指令电空制动机系统在北京地铁车辆上得到了良好的使用。

第十章 KBGM模拟式电气指令制动系统

第一节 列车制动参数

上海地铁DC01型列车采用德国克诺尔（Knorr）制动机公司生产的KBGM模拟式电气指令制动系统。该系统用一条列车线贯通整列车，形成连续回路，其电气指令采用脉冲宽度调制（PWM），能进行无级控制。它的制动方式有三种，即再生制动、电阻制动和空气（摩擦）制动，分别为第一、第二和第三优先制动。

当列车开始制动时，首先是动力制动，即再生制动和电阻制动。电阻制动是承担不能再生的那部分制动电流。如果再生制动失败，则由电阻制动承担全部动力制动。再生制动电流加上电阻制动电流等于制动控制要求的总电流。当列车速度降低到10km/h以下时，动力制动将被全部切除，所有给定的制动力全由空气制动提供。

列车近期编组为六节，即A—B—C—B—C—A，其中A为无动力的拖车，B为动车，C为带制动空气压缩机组的动车；远期编组为八节，即A—B—C—B—C—B—C—A。地铁列车的构造速度为80km/h，平均（旅行）速度为35km/h。列车的平均制动率应保证在整个速度范围内的平均减速度达1.15m/s²。当制动初速为80km/h、60km/h、40km/h和20km/h时，应达到停车的时间分别为19.3（±15％）s、14.5（±15％）s、11.1（±15％）s和5.6（±15％）s（反应时间除外）。紧急制动时要求平均减速度为$1.3m/s^2$。因此，当制动初速为80km/h、60km/h、40km/h和20km/h时，达到紧急停车的时间分别为17.1（±15％）s、16.7（±15％）s、8.6（±15％）s和5.6（±15％）s（反应时间除外）。

第二节 空气制动系统组成

图10-1所示是上海地铁DC01型列车使用的KBGM模拟式电气指令制动系统，它由供气单元、制动控制单元（BCU）、微机制动控制系统（MBCU）、防滑系统和单元制动机五个部分组成。

一、供气单元

正如本书第四章第一节的介绍，供气单元主要由VV230/180—2型活塞式空气压缩机组A1、单塔空气干燥器A7和多个风缸组成。空气压缩机组和空气干燥器只在C车上安装，即一个六节编组列车有两套供气机组，而一个八节编组列车则有三套供气机组。其他每节车，无论拖车还是动车，都装有四个风缸，即250L总风缸、100L的空气悬挂系统（空气弹簧）风缸、50L制动储风缸和50L客室风动门风缸。在每个C车上另外还有一个

第二节 空气制动系统组成

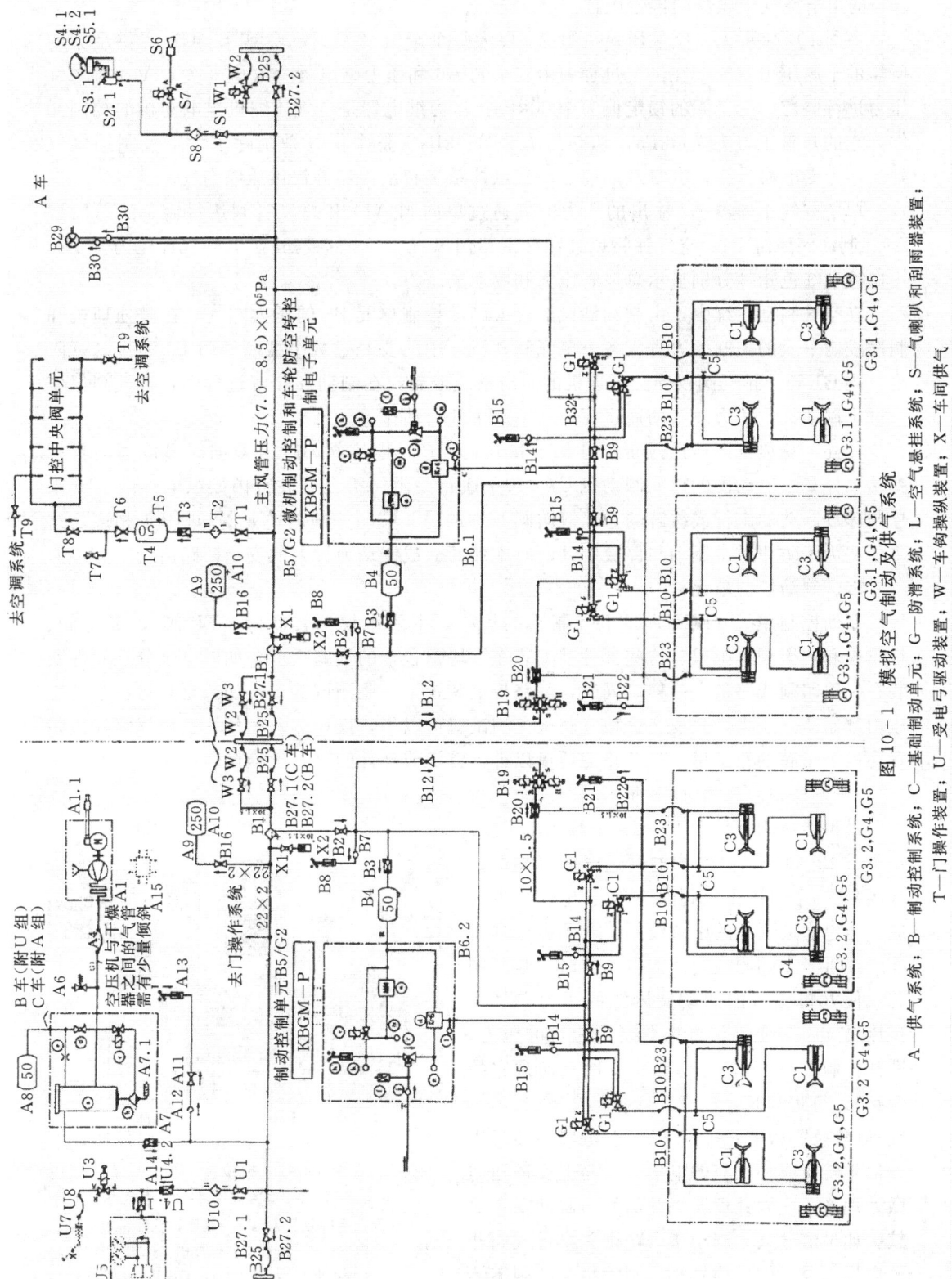

图 10-1 模拟空气制动及供气系统

A—供气系统；B—制动控制系统；C—基础制动装置；G—防滑装置；L—空气悬挂系统；S—气喇叭和刮雨器装置；
T—门操作装置；U—受电弓驱动装置；W—车钩操纵装置；X—车间供气

50L 的用于空气干燥器的再生风缸。

由图 10-1 可见，空气压缩机组 A1 要为每个车组（A—B—C 或 B—C）提供足够的所需的干燥压力空气，在供气过程中由安全阀 A6 和压力继电器（气电开关）A13 对空气压力进行监控。安全阀的锁定值为 1000kPa；压力继电器是空气压缩机组电动机的控制元件，它的开启压力为 700kPa，切断压力为 850kPa。整个供气系统除了为空气制动供气外，还为受电弓升降、客室气动门、空气悬挂系统和刮雨器等提供压缩空气。

单塔空气干燥器 A7 输出的压力空气通过单向阀 A14 和总风管到达每辆车的总风缸 A9、制动储风缸 B4、空气弹簧风缸和客室车门风缸。司机室驾驶台上的双针压力表 B29 用白色和红色指针分别显示总风管压力和制动缸压力。

在空气制动系统中，由制动储风缸进入制动控制单元 B6 的压力空气，在微处理机和制动控制单元的控制下，进入各个单元制动机，中间要经过数个截断塞门 B9 和排气（防滑）阀 G1 等。排气阀仅受微处理机的防滑系统控制，在制动和缓解过程中，排气阀仅作为进出制动缸的压力空气的通道而已，不产生任何动作。

此外，总风管还通过截断塞门 B2、减压阀 B12、电磁阀 B19 及双向阀 B20 通向具有弹簧（停车）制动器的单元制动机 C3。这条通路是由司机在驾驶室内操纵电磁阀 B19 来控制停放制动的施行或缓解的，而双向阀 B20 的另一端与一般的单元制动机 C1 相连，这主要是为了防止通常制动与停放制动同时施加而造成制动力过大的安全回路。

二、制动控制单元

制动控制单元（BCU）是电控制动的核心，主要由模拟转换阀（EP 阀）、紧急阀、称重阀和均衡阀等组成。这些部件都安装在一块铝合金的气路板上，如同电子分立元件安装在一块印刷线路板上一样。同时，气路板上装置了一些测试接口，如果要测量各个控制压力和制动缸压力，只要在这块气路板上测试就可以了，操作非常简便。这块气路板被装置在一个车底的箱子里，打开箱盖便可以进行整机或部件的测试、检修。

（一）模拟转换阀（EP 阀）

模拟转换阀（见图 10-2）又称为电-气转换阀或 EP 阀，是由一个电磁进气阀（类似控导阀）、一个电磁排气阀和一个气-电转换器组成。当电磁进气阀的励磁线圈接收到微处理机要求提供多大的摩擦制动的电指令时，吸开阀芯，使 R 口引入的制动储风缸的压力空气通过该进气阀转变成与电指令要求相符的压力，即预控制压力 C_{v1}，并送向紧急阀（通过它的旁路）。与此同时，具有 C_{v1} 的压力空气也送向气-电转换器和电磁排气阀。气-电转换器将压力信号转换成相对应的电信号，马上反馈送回微处理器，让微处理器将此信号与制动指令比较。如果信号大于制动指令，则关小进气阀并开启排气阀；如果信号小于制动指令，则继续

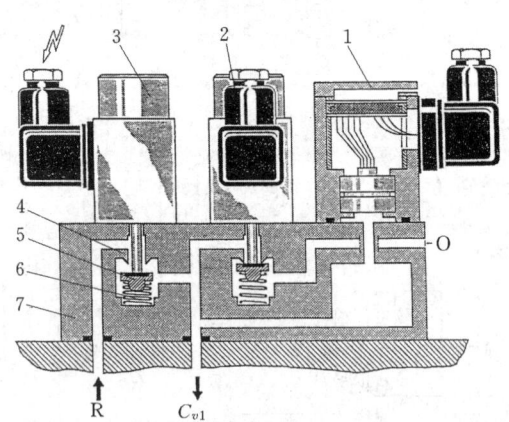

图 10-2 模拟转换阀

1—气-电转换器；2—电磁排气阀；3—电磁进气阀（图示线圈处于励磁状态）；4—阀座；5—阀；6—弹簧；7—阀体；R—由制动储风缸引入压力空气；C_{v1}—预控制压力空气引出；O—排气口

开大进气阀，直到预控制压力 C_{v1} 与制动电指令的要求相符为止。从模拟转换阀出来的 C_{v1} 压力空气通过气路板内的气路进入紧急阀的 A2 口。

(二) 紧急阀

紧急阀实际上是一个二位三通电磁阀，它有三个通路：A1 与制动储风缸相连接，A2 与模拟转换阀输出口相连接，A3 与称重阀的进口相连接。在紧急制动时，紧急阀不励磁 [见图 10-3 (a)]，滑动阀受弹簧压力滑向右侧，使制动储风缸与称重阀直接相通，而切断模拟转换阀与称重阀的通路，使压力空气直接通过称重阀作用在单元制动机上。在常用制动时，紧急阀励磁 [见图 10-3 (b)]，滑动阀受控制空气压力滑向左侧，使模拟转换阀与称重阀相通，而切断与制动储风缸的通路，这时预控制压力 C_{v1} 越过模拟转换阀而直接进入称重阀。当预控制压力 C_{v1} 经过紧急阀时，由于阀的通道阻力使预控制压力略有下降，这个从紧急阀输出的预控制压力称为 C_{v2}。同样，C_{v2} 压力空气通过气路进入称重阀。

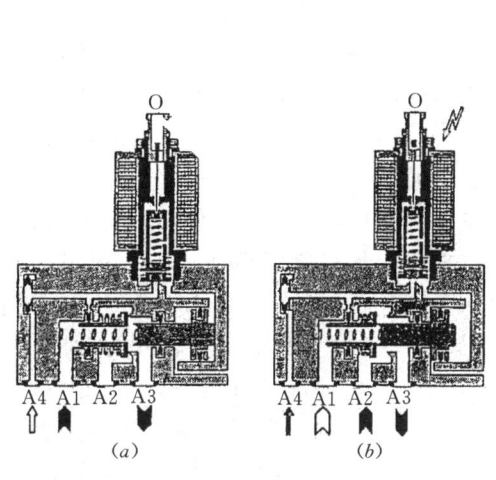

图 10-3 紧急阀的两种工况
(a) 不励磁工况；(b) 励磁工况
A1—通制动储风缸；A2—通模拟转换阀；A3—通称重阀；A4—控制空气的通路；O—排气口

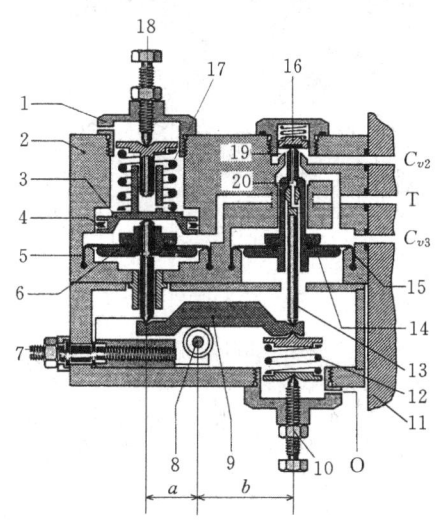

图 10-4 称重阀
1—螺盖；2—阀体；3—从动活塞；4—K 形密封圈；5—膜板；6—活塞；7—调整螺钉；8—支点滚轮；9—杠杆；10—调整螺钉；11—管座；12—弹簧；13—空心杆；14—活塞；15—膜板；16—橡胶夹心阀；17—弹簧；18—调整螺钉；19—充气阀座；20—排气阀座；O—排气口

(三) 称重阀

称重阀即空重车调整阀，为杠杆膜板式。称重阀主要用来限制过大的制动力。由于模拟转换阀输出的预控制压力 C_{v1} 受微处理器的控制，而微处理器的制动指令本身又是根据车辆的负载、车速和制动要求而给出的，因此，在常用制动中称重阀几乎不起作用，仅起预防作用，以防模拟转换阀控制失灵。而称重阀主要作用是在紧急制动时，压力空气是从制动储风缸直接经紧急阀到达称重阀，中间未受模拟转换阀的控制，而紧急阀也仅仅作为通路的选择，不起压力大小的控制作用。因此，在紧急制动时，预控制压力只受称重阀的限制，即为最大的预控制压力（见图 10-4）。

称重阀由左侧的负载指令部、右侧的压力调整部和下方的杠杆部组成。

第十章 KBGM模拟式电气指令制动系统

与车辆负载（车重）成正比的由空气弹簧所输出的具有一定压力的压力空气，经称重阀管座的接口T、阀内通路冲入活塞和膜板的上腔，在活塞和膜板上形成向下的力，该力通过与活塞连接的作用杆作用在杠杆的左端。

杠杆的支点滚轮的位置可通过调整螺钉进行调整，从而改变力臂 a、b 的大小。由于杠杆左端受力，通过杠杆右端及空心杆的上移，使橡胶夹心阀离开其充气阀座而被顶开，于是，具有预控制压力 C_{v2} 的压力空气经开启的夹心阀阀口充入活塞和膜板的上腔，当作用在活塞和膜板上的向下作用力达到某一值，从而使杠杆处于平衡状态时，夹心阀阀口关闭，活塞和膜板上的空气压力为预控制压力 C_{v3}，并经管座的接口及气路板内的通路引向均衡阀，C_{v3} 作为均衡阀动作的控制压力。

（四）均衡阀

均衡阀如图10-5所示。从称重阀经节流孔进入均衡阀的 C_{v3} 压力空气，推动具有膜板的活塞上移，首先关闭了通向制动缸的排气阀口（下方的橡胶阀面与排气阀座密贴），然后进一步打开进气阀（上方的橡胶阀面离开进气阀座），使制动储风缸经接口R进入均衡阀的压力空气通过该开启的进气阀口，经接口C充入各单元制动缸，产生制动作用。从上述介绍中可以看出，均衡阀能迅速进行大流量的充、排气。大流量压力空气的压力变化是随预控制压力 C_{v3} 的变化而变化的，并且互相间的压力传递比为1∶1，即制动缸压力与 C_{v3} 相等。因此，我们可以把均衡阀看作是一个气流放大器，相当于电子电路中的一个电流放大器。当经过节流孔6反馈到膜板活塞上腔C的制动缸压力与膜板活塞下腔的 C_{v3} 压力相等时，进气阀口关闭。

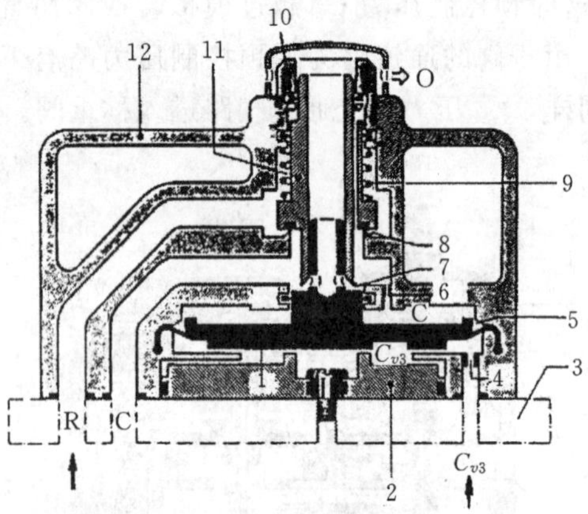

图10-5 均衡阀
1—膜板；2—均衡阀安装面；3—气路板；4—节流孔；5—活塞；6—节流孔；7—排气阀座；8—进气阀座；9—弹簧；10—K形密封圈；11—带橡胶阀面的空心导向杆；12—阀体；R—接口，通向制动储风缸；C—接口，通向各个单元制动缸；C_{v3}—来自称重阀的预控制压力（空气）；O—排气口

如果 C_{v3} 压力空气消失，均衡阀活塞在其上方的制动缸压力空气作用下向下移动，于是空心导向杆的下橡胶阀面离开排气阀座，排气阀口开启，使各单元制动缸中的压力空气经开启的排气阀口，并经空心导向杆中空通路及排气口O排入大气，列车得到缓解。

制动控制单元BCU各部件在气路板上的安装位置如图10-6所示。该图显示了各部件之间的气路关系、气路板内的通路，也简略显示出各部件的外形，是按气路连通关系绘制的展开图。

三、微机制动控制系统

制动控制系统有一个用于控制电空制动和防止车轮滑行控制的微处理机，一般称其为微机制动控制单元（MBCU）。当列车在运行中施行制动时，将所有与制动有关的参数信号送入该微处理机中，微处理机立即计算出一个当时所需制动力的制动指令，这个指令由模拟转换阀（电-空转换阀）转换成一个与电指令呈一定比例的预控制空气压力，然后再由预控制空气压力通过均衡阀使制动缸充入压力空气，并使制动缸压力与预控制空气压力

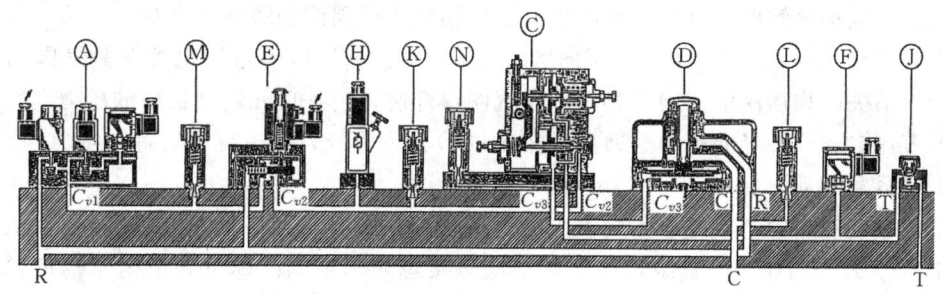

图 10-6　BCU 各部件在气路板上的安装位置（展开）图

相对应。这个制动控制系统对每一辆车的控制都是独立的。

此外，微机制动控制系统还具有整个制动控制系统的故障自诊断和故障储存功能。

四、防滑系统

防滑系统是制动控制系统的一部分，它也是独立工作的，在每根车轴上都设有一个对应的排气阀 G1，它们由防滑系统所控制。当某一轮对上的车轮的制动力过大而使车轮滑行时，防滑系统所控制的、与该轮对应的排气阀 G1 迅速连通制动缸与大气的通路，使制动缸迅速排气，从而解除了该轮的滑行现象。防滑系统通过车轮测速装置 G3.1、G4、G5（见图 10-1）始终监视着同一车辆上四个轮对的转速，并控制着四个对应的排气阀 G1。

五、单元制动机

上海地铁车辆选用两种单元制动机，即 PC7Y 型和 PC7YF 型。本书第六章第三节已经较详细地介绍了它们的特性、功能和工作原理，在此不再赘述。每个转向架安装两个 PC7Y 型单元制动机和两个带有停车制动功能的 PC7YF 型单元制动机。同一类型的单元制动机成对角线安装，即每个轮对各有一个 PC7Y 型和 PC7YF 型单元制动机。

第三节　空气制动系统作用原理

空气制动系统的主要作用是将来自微处理制动控制系统 MBCU（B5/G2）的电子模拟信号通过 B6 制动控制单元中的模拟转换阀转换成一个与其相对应的预控制（空气）压力，这个预控制压力是呈线性变化的，以后还受到称重阀和防冲动检测装置的检测和限制，最后使制动缸 C1 和 C3 获得符合制动指令的空气制动压力。

制动控制单元的工作原理如下。

一、常用制动

当模拟转换阀的电磁进气阀的励磁线圈接收到摩擦制动的电指令时，吸开阀芯，使压力空气从制动储风缸接口 R 进入模拟转换阀，并通过该进气阀转变成与电指令要求相符的压力，即预控制压力 C_{v1}。由于是常用制动，这时紧急阀处于励磁工况，滑动阀在左侧，接口 A2 和 A3 导通，C_{v1} 经紧急阀成为 C_{v2} 由接口 A3 进入称重阀。称重阀根据车辆负载对 C_{v2} 再次进行调整，输出预控制压力 C_{v3}。C_{v3} 进入均衡阀后推动具有膜板的活塞上移，打开进气阀，使制动储风缸经接口 R 进入均衡阀的压力空气通过该开启的进气阀口，经输出口 C 充入各单元制动机的制动缸，产生制动作用。

同样,制动缓解指令也由微处理机发出,模拟转换阀接到缓解指令后,将其电磁排气阀打开,使预控制压力 C_{v1} 通过此阀向大气排出。C_{v2}、C_{v3} 压力空气也都在紧急阀和称重阀输出口消失,均衡阀活塞向下移动,排气阀口开启,使各单元制动缸中的压力空气经开启的排气阀口和空心导向杆中空通路及排气口 O 排入大气,列车得到缓解。

二、紧急制动

紧急制动时,紧急阀处于不励磁工况,滑动阀在右侧,接口 A1 和 A3 导通,从制动储风缸接口 R 来的压力空气绕过模拟转换阀直接进入称重阀。称重阀根据车辆负载输出最大预控制压力,进入均衡阀后使制动储风缸的压力空气通过该开启的进气阀口和输出口 C 充入各单元制动机的制动缸,产生紧急制动作用。

三、防滑控制

当黏着状态不好时,列车速度和车轮速度之间将产生一个速度差,防滑控制系统就是用来控制车轮速度,消除该速度差的。其作用原理如图 10-7 所示。

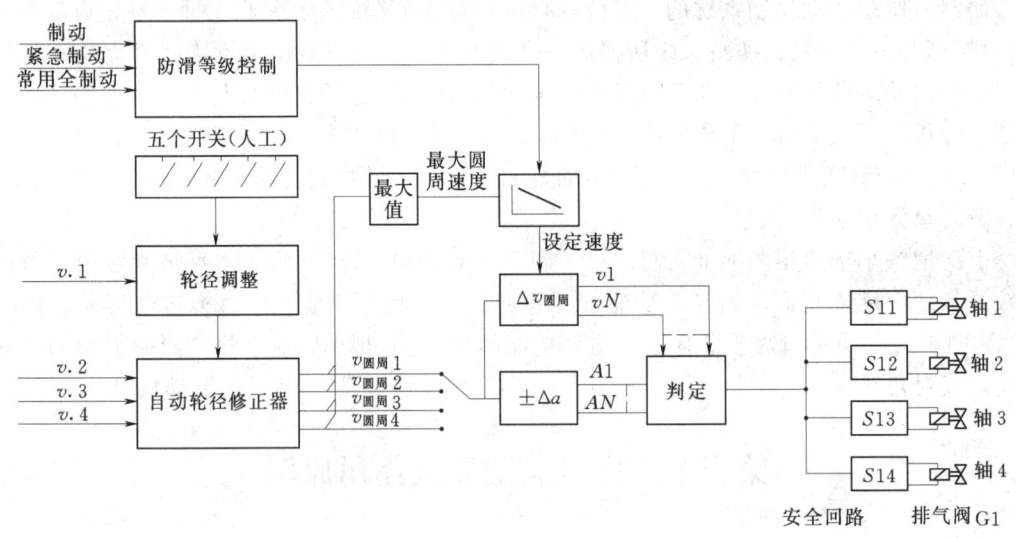

图 10-7 防滑控制系统作用原理

列车启动后,防滑系统就对每个轮对的圆周速度进行检测,然后形成一个参考速度以取代列车速度,并用排气阀 G1 来控制车轮的滑行和减速度。轮对的速度和减速度与设定的标准相比较就形成控制排气阀的指令。

由于轮对踏面加工直径和磨耗的差别,轮对的线速度有差别,所以在防滑控制系统中设置了人工的轮径调整装置。这个装置就是线路图中的五个开关,利用这些开关分和合的不同位置,将车轮直径分成 32 档(每档 3mm)。将每辆车中的一位轴调整到它的规定标准,而其他轴也将会根据轴端的速度传感器输出的速度信号进行自动调整。

参考速度是通过以下方法取得的:在牵引时取四根轴中的最大速度,在制动时取最小速度,然后让其余三根轴的速度与其比较,以判定是否在牵引时空转或在制动时滑行。如果确定是空转或滑行,防滑系统将切断牵引回路或减小牵引力以消除空转,打开制动缸的排气阀 G1 以消除滑行现象。

第十一章 KBWB 模拟式电气指令制动系统

第一节 概　　述

上海 AC03 型列车采用的 KBWB 模拟式电气指令制动系统是由原来的英国 Westinghouse 公司（现已并入克诺尔制动机公司）设计的制动系统。该系统按照整车模块化原则设计，集成度较高。它将微机制动控制单元、空气制动控制单元、风缸和风源等全部安装在一个架上（见图 11-1），维护简单、重量轻，并具有自我诊断及故障保护显示功能。

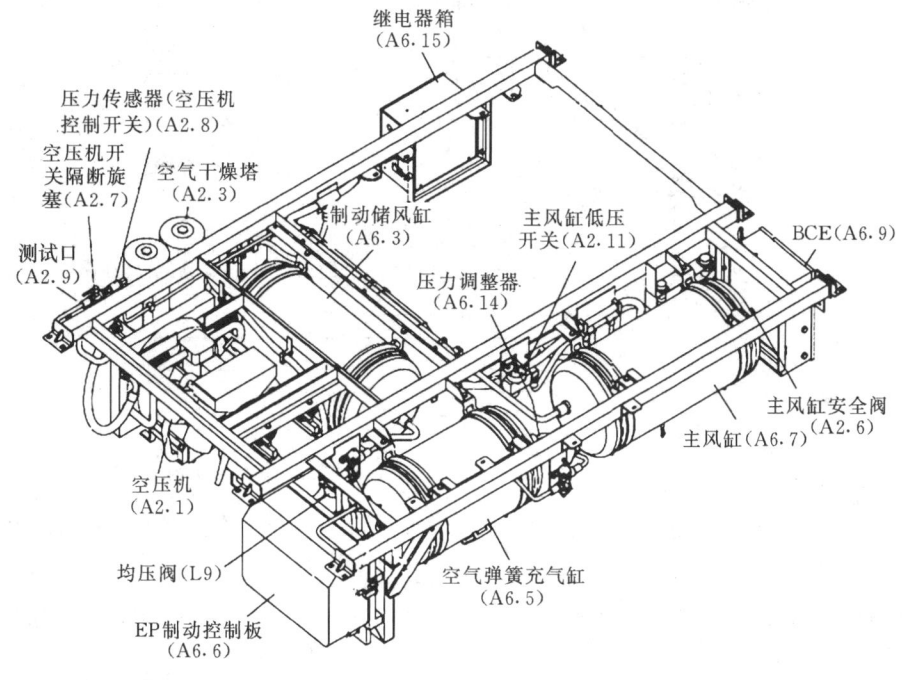

图 11-1　KBWB 模拟式电气指令制动系统集成化布置图

为了适应城市快速轨道车辆运行速度高、站间距短、启制动频繁等要求，KBWB 模拟式电气指令制动系统具有反应迅速、制动力大、制动距离短、停车精度高、安全可靠的特点。该制动系统由电制动（动力制动）系统和空气制动系统组成，采用 PWM 信号传递制动指令，是模拟式电气指令制动系统。其制动控制单元的 EP 转换采用四个电磁阀对控制室充放气的闭环控制的方法。

第二节 空气制动系统构成

KBWB模拟式电气指令制动系统的空气制动系统主要分为供气单元、微机制动控制单元、制动控制单元、防滑控制单元、基础制动装置及空气悬挂辅助装置等几部分。

一、供风单元

每辆带司机室的拖车上装有1套供气单元，每列车有2套。供气单元按司机室启用位置定义为主供气单元或辅助供气单元。每套供气单元由空气压缩机组、空气干燥器及控制装置等组成（见图11-2）。

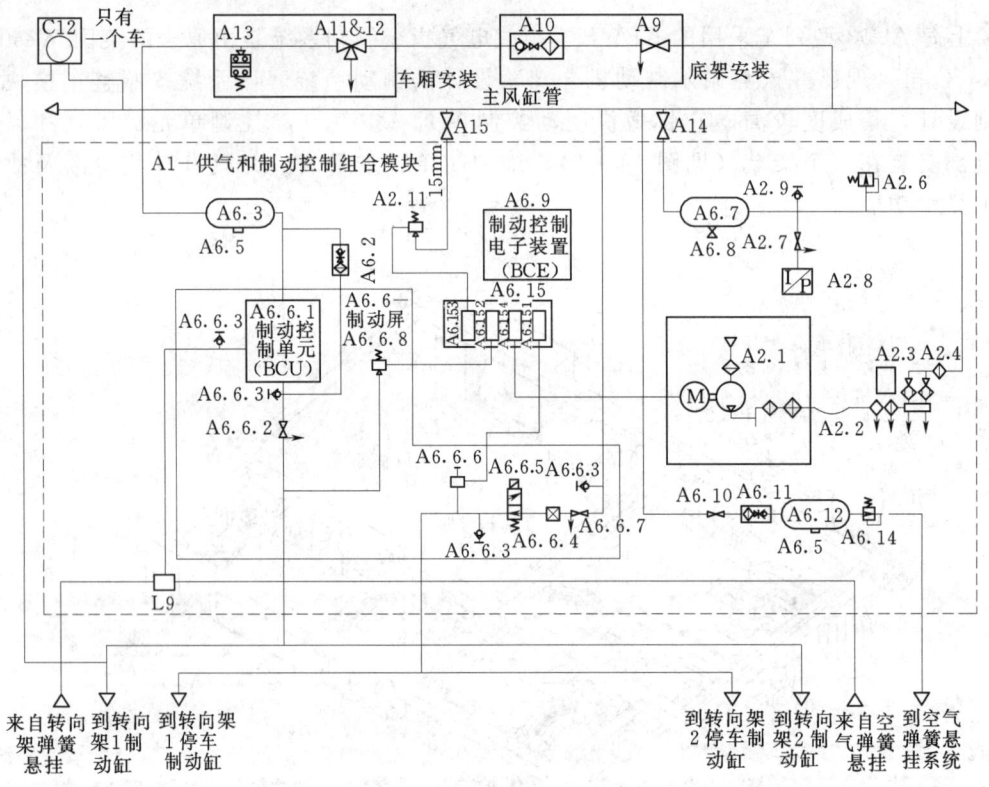

图11-2 空气制动系统

A2.1—空气压缩机；A2.6—主风缸安全阀；A6.6.1—制动控制单元；A6.6.5—停放制动实施电磁阀；A6.6.6—停放制动缓解电磁阀；A6.7—主风缸；A6.9—制动控制电子装置（BCE）；A13—制动实施和缓解电磁阀；A6.15—继电器阀箱；L9—压力均衡阀

（一）空气压缩机组

空气压缩机（A2.1）选用VV120型，由三个往复式压缩气缸、中间和后冷却器以及驱动电机组成。在理论上，在10×10^5Pa的压力下，它能为列车制动系统提供大约950 L/min的冷却空气。驱动电机由静态辅助逆变器输出的AC400V/50Hz的三相交流电源供电。空气压缩机仅安装在拖车上，并通过弹簧索弹性地吊在车辆底部[作为供气和制动控制组合模块（A1）的一部分]。这些措施能有效地缓冲并降低对车体的振动。

第二节 空气制动系统构成

空气压缩机是 W 结构，由两个低压活塞和一个单一的高压活塞以及一根通用曲轴组成。电机和空气压缩机通过连轴节的中间法兰相互连接。活塞在经空气冷却的风缸中运动，润滑方式为飞溅润滑。安装在曲轴箱呼吸器上的外接过滤器单元对溅到曲轴箱呼吸器上的润滑油进行分离、干燥，然后润滑油流回曲轴箱。通过可视玻璃可检查油量。测油杆必须插在可视玻璃里，如果油量太少可能引起过热，如果油量太少会导致气阀炭化。

空气先通过纸质过滤器经低压活塞压缩，流过中间冷却器，压力下降并温度升高。高压活塞对低压空气进一步压缩，经后冷却器流入气路系统，最后由空气干燥器（A2.3）干燥。

空气压缩机通过两个安全阀得到过载保护：一个位于低压活塞与中间冷却器之间（设定值为 5×10^5 Pa），另一个位于高压活塞与后冷却器之间（设定值为 14×10^5 Pa）。在正常情况下，如果一个压缩机能够满足向列车供气的需求，则仅启动主供风单元的空气压缩机，也就是只启用一台空气压缩机。在辅助模式或降级模式下，需同时启动主、辅供风单元的空气压缩机。主司机室的确认信号通过列车 FIP 网络传送给微机制动控制单元（BCE）。主司机室发生变更，空气压缩机的启用也随之变更。以这种方式长期使用，可使空气压缩机的工作周期比较均等。

（二）控制装置

空气压缩机的启/停控制是通过微机制动控制单元（BCE）来实现的。每个供气单元和制动控制组合模块配有一个压力传感器（A2.8），用于检测总风管（靠近主空气压缩机侧的主风缸）的压力并且传送信号给 BCE。BCE 根据压力传感器显示的总风管压力信号（通常在 $8.4\times10^5\sim9.5\times10^5$ Pa）来决定空气压缩机的启/停和启用台数，并通过控制空气压缩机电机继电器的吸合或断开来实现。如果监测到主风缸压力持续下降到 0.6×10^5 Pa，列车安全保护系统会自动触发紧急制动。

该供气单元还装有安全阀（A2.6）来保证制动系统的安全。安全阀动作压力为 10.5×10^5 Pa，防止因供风自动控制系统故障而导致主风缸（A6.7）过压。

（三）空气干燥器

供风单元采用双塔再生式空气干燥器对压缩空气进行干燥，双塔交替工作。在正常工况下，首先只有一个空气干燥塔增压，2min 后停止向该塔增压，另外一个空气干燥塔立即开始增压 2min，每一个空气干燥塔都轮流工作 2min。如果某空气干燥塔工作时间不到 2min，空气压缩机就停机了，那么空气干燥器的计时器便会记下该塔已工作的时间。当空气压缩机再次启动时，计时器将从中断时刻开始计时，因此两个空气干燥塔的工作时间是均等的。

整个供气单元集中在一个安装框架内，空气压缩机吊挂在框内，双塔再生式空气干燥器则安装在框外的横梁上。干燥空气充入主风缸后再经由主风钢管送入各节车的主风缸，再分别进入制动储风缸和空气悬挂风缸等。

二、微机制动控制单元

每节车都装有一套微机制动控制单元（BCE）用于制动控制，它是双列车线需求信号、空气制动控制单元（BCU）和牵引系统之间的界面和桥梁。BCE 控制所有空气制动的常用制动，包括随需求信号和车辆载荷变化而变化的压力值。如果使用电制动，BCE

为电制动和空气制动的混合控制提供了界面划分,以形成一个完整的制动系统。

BCE 还提供正常运行管理和故障检测,这些信息通过 FIP 数据线传给 TIMS 系统。数据线也可通过便携式计算机接口作简单的诊断和维修。

常用制动时,BCE 接受所有车辆的空气弹簧平均压力信号,根据该信号计算出该车辆制动所需的制动力,同时将反映车辆重量的载荷信号传送给 FIP 网络系统,拖车载荷信号通过 FIP 网络传送到动车的 BCE 和牵引控制装置。动车的载荷信号也通过 PWM 线传送到相应的牵引控制电子装置,牵引控制电子装置经过综合计算后将决定制动力的分配。对于动车,动力制动系统和空气制动系统是同时存在的,这两种制动系统都是由司机控制器或 ATO 自动驾驶装置控制。无论采用哪种控制,动车随时都能得到连续的动力制动和空气制动。如果制动需求值超过动力制动能力,这时空气制动根据总的制动力要求补充动力制动不足部分。混合制动要求制动缸的压力可以不一样,只要动力制动和空气制动的和达到制动所需求的值即可。

BCE 还对空气压缩机(A2.1)和空气干燥器(A2.3)进行控制。

三、空气制动控制单元

安装在拖车 A 和动车 B、C 上的制动控制单元(BCU)由于车辆载重不同而略有不同。

制动控制单元(BCU)可分为三个部分,即 EP 控制板、称重阀和主控阀(见图 11-3)。

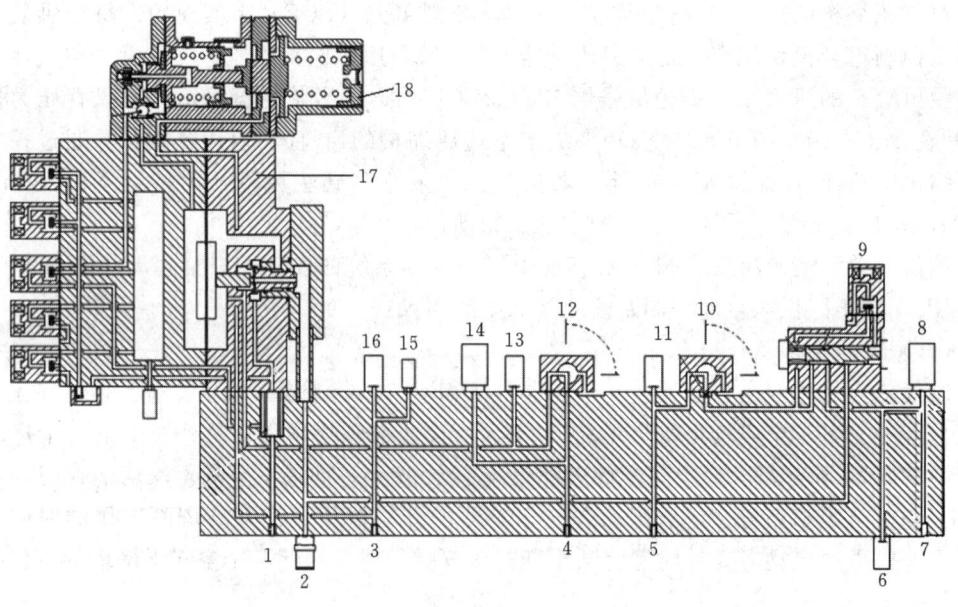

图 11-3 制动控制单元(BCU)

1—制动风缸接口;2—制动机消声器;3—空气簧接口;4—制动机压力接口;5—主风缸压力接口;6—停车制动测试点;7—停车风缸接口;8—停车制动缓解开关;9—停车制动消声器;10—停车制动截断塞门;11—主风缸测试点;12—主风缸截断塞门;13—制动机压力测试点;14—制动机压力开关;15—空气簧压力转换器;16—空气簧压力测试点;17—主控阀;18—称重阀

(一)EP 控制板

EP 控制板是制动控制单元(BCU)的基座。它是一个阳极氧化铝的管道接口座,除了管道接口外,座上还安装了称重阀、主控阀等其他部件。

第二节 空气制动系统构成

EP 控制板的钢盖涂灰色油漆，装在管道接口座的前端，以保护其中设备。钢盖由两个不锈钢插销定位锁住，盖上还有两个安全挂钩以保证在插销失效时钢盖不会跌落。

在管道接口座的背面有五个气路连接口，分别连接主风缸（MR）、空气簧（AS）、制动储风缸（BSR）、停放制动风缸（PB）和单元制动机风缸（BC）。每个接口都是内螺纹 BSP 型接口。除了这些接口，还有一个制动风缸排气端口，该端口前装有一个消声器。

管道接口座的背面有两个 19 路的电气接口插座，空气压力转换信号接口为 C_1，BCU 驱动信号接口为 C_2。

管道接口座的背面还有一个 M10 的安装孔，用于安装接地线；在端盖下部有两个 M6 的安装孔，用于元件接地的端口。

管道接口座有四个压力测试点，其中一个在背面，三个在前面。压力测试点可以在不拆除端盖的情况下使用。其测试对象为空气弹簧压力、单元制动机风缸压力、主风缸压力和停放制动风缸压力。

（二）称重阀

称重阀是一种混合压力限制装置，它接受来自空气弹簧系统的控制压力信号（车辆的载重信号），限制 BCU 向单元制动机输出的空气压力。如果空气弹簧压力信号因种种原因消失，称重阀就假定超载性能，BCU 给出最大超载信号使列车紧急制动。称重阀有三种规格，可根据车辆载重进行选择。

称重阀的构造如图 11-4 所示。其上部有一个进排气阀，与紧急电磁阀连通。来自制动储风缸的压力空气通过紧急电磁阀进入进排气阀的进气阀座。进排气阀下是一个输出口，通往控制腔室 Y。此外，还有一个输出压力室和一个检测阀与输出口相通。阀体中间是两个膜板腔室，主膜板与上膜板之间是排气腔室，里面有一个可上下移动的排气杆。排

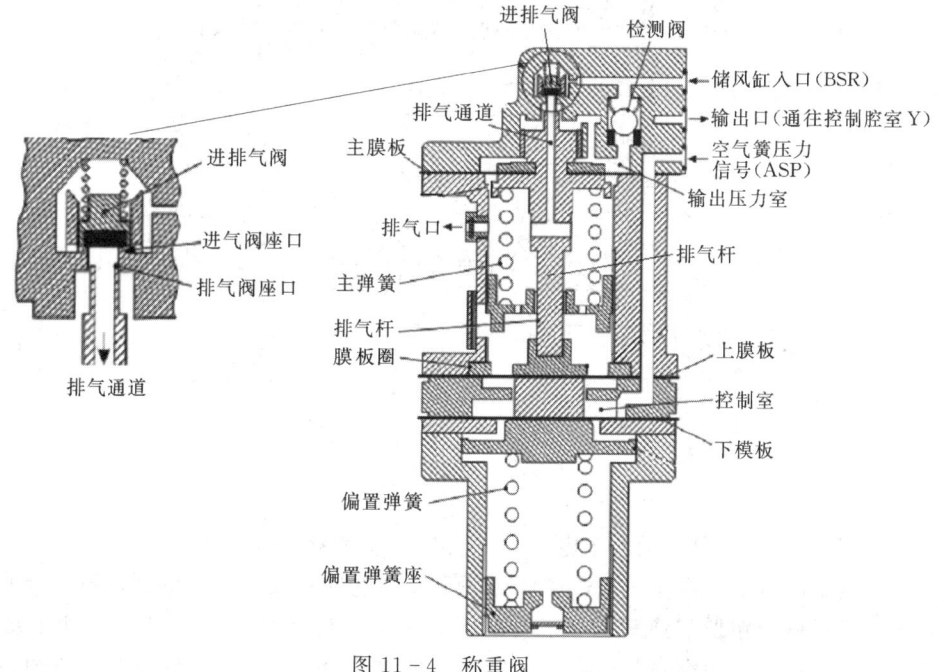

图 11-4 称重阀

气杆中间有排气通道，并有一个主弹簧使其具有恒定的向上作用力。上膜板与下膜板之间是一个控制腔室，来自空气簧的压力空气就进入这个控制室。下膜板下也有一个活动阀片，有个偏置弹簧使它具有向上作用力。当称重阀无来自空气簧压力信号时，上膜板和下膜板都与中间一个滑动块密贴无间。因此，偏置弹簧、活动阀片、滑动块、上膜板、主弹簧、主膜板和排气杆叠加在一起，形成一个向上的力，用排气杆的排气阀座口顶开进排气阀，使从紧急电磁阀来的压力空气通过进气阀座口进入输出压力室并通过输出口进入控制腔室 Y。这时进入控制腔室 Y 的空气压力最大，可产生最大紧急制动力。

当称重阀有来自空气簧压力信号时，上膜板和下膜板都与中间滑动块分离，它们之间充满压力空气。压力空气对下膜板和偏置弹簧有向下反作用力，对上膜板和排气杆仍有向上作用力，但作用力减小，并与空气簧压力信号成正比。这时进入控制腔室 Y 的空气压力随空气簧压力变化，可以产生与车辆负载成正比的制动力。

（三）主控阀

主控阀与气-电转换器、制动储风缸、空气弹簧、单元制动机和称重阀等制动设备气路连接。

主控阀实际上由两个部分组成：一个部分是电-气转换部分，类似于本书第十章介绍的 EP 阀；另一个部分是输出放大部分，类似于本书第十章介绍的均衡阀（见图 11-5）。

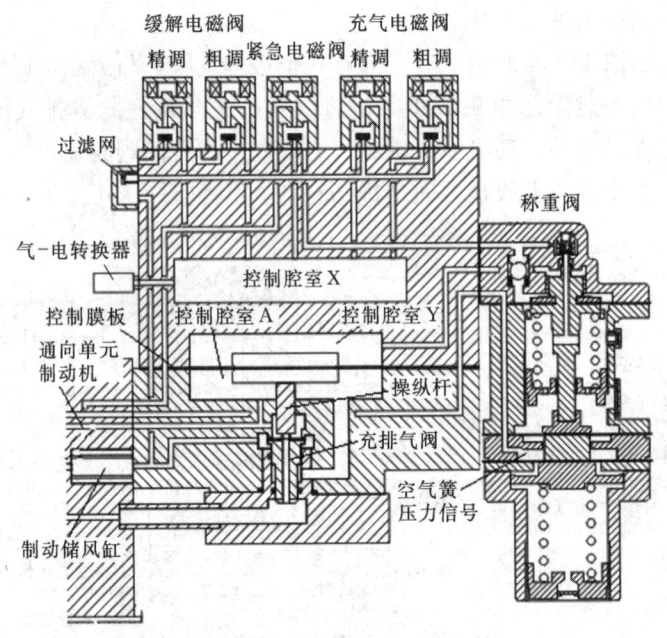

图 11-5 主控阀

1. 电-气转换部分

电-气转换部分主要包括五个电磁阀、控制腔室 X 和气-电转换器。

五个电磁阀分别是两个缓解电磁阀、两个充气电磁阀和一个紧急电磁阀。缓解电磁阀和充气电磁阀分成粗调和精调。五个电磁阀的一端都与控制腔室 X 连接，两个缓解电磁阀的另一端通大气；两个充气电磁阀的另一端与制动储风缸连接；紧急电磁阀的另一端则与称重阀连接。

控制腔室 X 除了与电磁阀连通外，还接有一个气-电转换器，将腔室内的气压转换成电信号，反馈给 BCE。

2. 输出放大部分

输出放大部分主要包括控制膜板、控制腔室 Y、控制腔室 A、操纵杆和充排气阀。

控制膜板将主控阀下部隔成两个控制腔室，即控制腔室 Y 和控制腔室 A。控制腔室 Y 通过称重阀与控制腔室 X 连接。

控制腔室 A 内上部有一个操纵杆固定在控制膜板下面，下部有一个充排气阀。操纵杆在控制膜板的动作下，向下可顶开充排气阀的上口并堵住充排气阀的排气通道；向上则关闭充排气阀并打开排气通道。当充排气阀上口被顶开时，制动储风缸和控制腔室 A 与单元制动机连接，根据控制腔室 Y 的压力向单元制动机输出给定的制动压力空气，施加制动；当充排气阀上口关闭时，制动储风缸和控制腔室 A 与单元制动机的连接被切断，排气通道被打开，单元制动机的制动压力空气从排气通道排出，制动缓解。

(四) BCU 的工作原理

常用制动时，BCE 发出充气指令，两个充气电磁阀得电，开始对控制腔室 X 充气。在充气过程中，气-电转换器不断地把控制腔室 X 内的压力转换成电信号并反馈给 BCE。BCE 也不断发出调整指令，直到控制腔室 X 内的压力与指令值精确一致。这时紧急电磁阀处于得电状态，控制腔室 X 与称重阀的进排气阀相通。如果有来自空气簧的压力信号，上膜板和下膜板都与中间滑块分离，它们之间充满压力空气。排气杆将顶开进排气阀进气阀座口，使控制腔室 X 的压力空气经输出口进入控制腔室 Y。控制腔室 A 的操纵杆在控制膜板的动作下，向下顶开充排气阀的上口并堵住充排气阀的排气通道，制动储风缸和控制腔室 A 与单元制动机连接，根据控制腔室 Y 的压力向单元制动机输出给定的制动压力空气，直到控制腔室 A 和控制腔室 Y 平衡，充排气阀的上口关闭并仍堵住充排气阀的排气通道，施加的制动力与 BCE 发出充气指令一致 (见图 11-5 和图 11-6)。

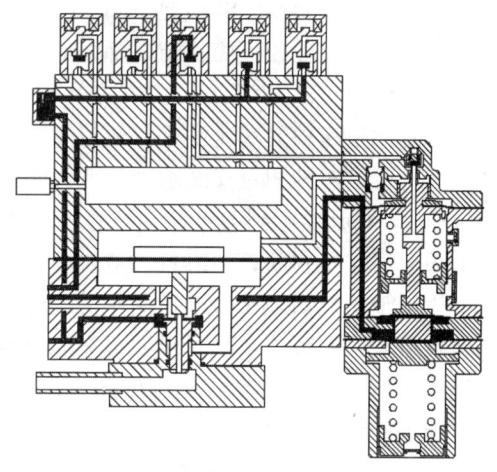

图 11-6　常用制动时主控阀和称重阀的状态

称重阀主要用来限制过大的制动力。由于控制腔室 X 内的压力受 BCE 的控制，而 BCE 的制动指令本身又是根据车辆的负载、车速和制动要求给出的，因此，在常用制动中称重阀几乎不起作用，仅起预防作用，以防主控阀的五个电磁阀控制失灵。

称重阀的主要作用是在紧急制动时发挥 (见图 11-5 和图 11-7)。在紧急制动时，紧急电磁阀失电，压力空气从制动储风缸直接经紧急电磁阀到达称重阀，中间未受主控阀的控制，而紧急电磁阀也仅仅作为通路的选择，不起压力大小的控制作用。这时，如果有来自空气簧的压力信号，上膜板和下膜板都与中间滑块分离，它们之间充满压力空气。称

第十一章 KBWB模拟式电气指令制动系统

重阀的排气杆顶开进排气阀进气阀座口，压力空气从制动储风缸进入输出控制室和控制腔室Y。输出控制室里的压力克服主弹簧和上膜板与中间滑动块间的压力，将排气杆向下压，直到上膜板与中间滑动块间的压力消失，进排气阀进气阀座口关闭。控制腔室Y的压力比常用制动时要高，并且空气簧的压力信号越大，控制腔室Y的压力也越高。控制腔室A的操纵杆在控制膜板的动作下，向下顶开充排气阀的上口并堵住充排气阀的排气通道，制动储风缸和控制腔室A与单元制动机连接，根据控制腔室Y的压力向单元制动机输出给定的制动压力空气，直到控制腔室A和控制腔室Y平衡，充排气阀的上口关闭并仍堵住充排气阀

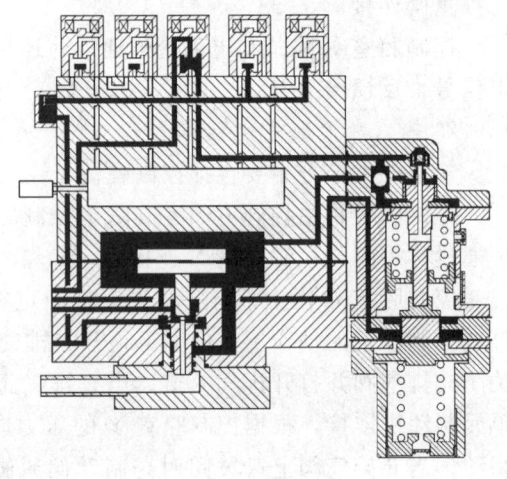

图 11-7　紧急制动时主控阀和称重阀的状态

的排气通道，施加的制动力即为受称重阀限制的紧急制动压力。

四、防滑控制单元

防滑控制单元（WSP）是BCE中的一部分。

列车每根车轴的一侧轴箱内都装有一个速度传感器，列车制动时，速度传感器将检测到的速度信号送入BCE。BCE中的WSP接受到速度信号后进行以下两项计算和比较：

（1）一根车轴的减速度是否超过了先前设定的参数。

（2）所有车轴相对速度水平与预设值比较。

一旦WSP监测到某根车轴减速度过快或是某根车轴转速与最大转速的车轴转速之差超出某个值，即判断该轴滑行，应进行防滑控制。在进行防滑控制时，防滑控制单元通过减小该车轴的制动缸压力来控制车轮滑行的深度。WSP通过对制动压力的修正能自动将车轮转速调整到最佳水平，以便最大限度地利用黏着系数。

实际上，列车的微机牵引控制（PCE）和BCE各有一套车轮滑行监测和防护系统。当实施电制动时，PCE会通过减小电制动力来防止车轮滑行，同时向BCE提供一个EDB低电位信号，防止BCE用增加空气制动力来补偿。但如果滑行信号持续时间超过2s，将取消电制动，只采用空气制动。

在空气制动时，防滑控制是通过BCE对安装在转向架上的双防滑阀的通气和排气的控制来实现的。双防滑阀实际上是两个完全对称的单防滑阀的组合，因此每个转向架只要配置一个，就能控制两个轮对。双防滑阀的结构如图11-8所示。

单防滑阀上部有两个电磁阀：一个称为通气电磁阀，另一个称为排气电磁阀。通过对通气电磁阀和排气电磁阀的得电和失电组合，可以形成防滑阀的三种工况，即通气、保压和排气。

（一）通气工况

排气电磁阀A失电（阀板向左），使压力空气穿过底部的进气口，再经过排气电磁阀作用到膜板排气阀1的顶部，加上弹簧的向下顶力，膜板排气阀1下压关闭排气口1和输

第二节 空气制动系统构成

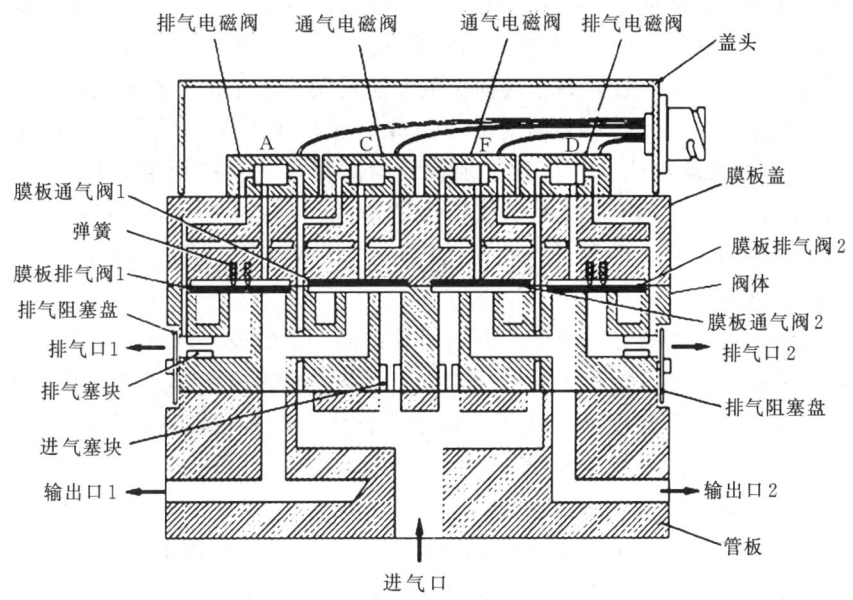

图11-8 双防滑阀的通气和排气控制

出口1。同时，通气电磁阀C也失电（阀板向左），穿过底部进气口的压力空气不能进入通气电磁阀C。通气电磁阀C的另一端通排气口1，不能作用在膜板通气阀1上。进气口的压力空气顶开膜板通气阀1的底部，把阀芯抬离阀座，进气口和输出口1形成通路，从BCU来的压力空气通过防滑阀，被送到单元制动机的风缸内。

（二）保压工况

排气电磁阀A失电（阀板向左），压力空气从进气口穿过，作用在膜板排气阀1顶部。在弹簧的顶压下，该压力关闭膜板排气阀1，并关闭排气口1和输出口1。同时，通气电磁阀C得电（阀板向右），穿过底部进气口的压力空气进入通气电磁阀C，作用到膜板通气阀1顶部，关闭膜板通气阀1，并关闭了进气口和排气口的通路，使防滑阀保持压力，也就是保证了单元制动机风缸的压力。

（三）排气工况

通气电磁阀C得电（阀板向右），压力空气进入通气电磁阀C，作用到膜板通气阀1顶部，关闭膜板通气阀1，并关闭了进气口和排气口的通路。同时，排气电磁阀A得电（阀板向右），从膜板排气阀1顶部来的进气压力被切断。原先进入单元制动机风缸的压力反过来克服弹簧的向下顶力，顶开膜板排气阀1，使输出口的压力空气从排气口排出。膜板排气阀1顶部的压力也经排气电磁阀A送入大气。从进气口来的压力空气不能通过防滑阀，而原先进入单元制动机风缸的压力空气被排放到大气中去。

防滑阀在通常情况下处于不通电的状况，也就是通常处于通气状态。这时，从BCU主控阀来的压力空气全部经过防滑阀进入单元制动器风缸，产生预定的制动力。如果哪个轮对出现滑行，那么BCE会使相应的防滑阀的排气电磁阀动作，将单元制动机风缸中的部分空气排向大气，待滑行现象消除后再分阶段恢复制动力。防滑阀的动作反应速度由安装在进、排气口内的阻塞盘的大小决定。由于防滑阀串联在制动通路上，紧急制动期间防滑功能依然有效。当紧急制动缓解时，制动缸内的空气经 EP 控制板上的消声器排向大气。

为确保制动系统的安全性，每个转向架的双防滑阀输出量都受到控制，且每个速度信号都被监视。在正常情况下，动力制动引起的滑行由 PCE 控制；空气制动引起的滑行由 BCU 控制。在动力制动模式下，如果出现较大的滑行，制动控制单元将发送给 PCE 的 WSP 信号设为高电平。当 PCE 探测到这个输入信号正在变为高电平，制动力就迅速降为零。当制动力保持为零时，电制动一直是失效的。当 WSP 输入信号再次变为低电平时，制动力就会逐渐恢复。

在防滑控制时，制动力分两个阶段逐渐回升：第一个阶段，以接近冲击极限的速率回升，直到制动力已经达到设定值；第二个阶段，制动力再逐渐回升到滑行出现时的制动力值，到达这一点时，防滑控制就完成了。这个滑行修正的参数能达到优化系统控制的目的，并将反复出现滑行的可能性降到最小。

五、基础制动装置

基础制动采用单侧双闸瓦踏面单元制动机，每个轮对设有两个，每台转向架设有四个，其中一半带有停放制动功能，在转向架上对角安装。

停放制动由单元制动机上的储能弹簧提供制动力。在车辆无电、无压缩空气的情况下，可使列车安全可靠地停放在 35‰ 的坡道上。停放制动可由司机在司机室进行整列车的施加操作，或进行充气缓解。检修作业或更换闸瓦时，也可通过拔出停放制动缸上的弹簧卸载销进行手动缓解。

第三节　列车制动力分配

因为一列车中既有动车又有拖车，动车能进行动力制动和空气制动，拖车只能进行空气制动，所以存在各车之间制动力协调的问题。同时，根据动力制动优先的原则，应最大限度地利用动车的电制动，尽可能少地采用空气制动。因此，列车制动力的分配十分重要。

上海明珠线 AC03 型列车采用的是"拖车空气制动滞后控制"（分散式滞后充气制动控制）。这种控制方法是：拖车所需制动力由动车的电制动承担，根据空电联合制动运算，不足部分也由动车的空气制动力先补充，最后才使用拖车的空气制动。列车制动开始，首先由全部动车进行电制动，如果动车电制动力不能满足制动减速度的要求，那么动车上的空气制动先进行补充。但动车空气制动的补充受到该车载重的限制，因为电制动力的设定不能超过空气制动力的黏着限制，而空气制动力的黏着限制比电制动的期望黏着系数低得多。AC03 型列车设计规定：如果动车电制动力不能满足制动减速度的要求，那么动车空气制动立即进行补充，动车上的电制动力和空气制动力的总和最大可利用到 15% 的黏着。在超载工况（一般指车载量达到 AW3 工况）下，如果动车总制动力还不能满足制动减速度的要求，拖车空气制动立即自动补足。

因此，当列车减速度为 $1.0 \ \text{m/s}^2$ 时，动车空气制动力限定只能使用到 10.2% 的黏着，不足部分立即由拖车自动补充。当列车运行速度低于 5km/h 时，电制动全部关闭，这时只有空气制动。当列车运行速度低于 0.5km/h 时，空气制动力开始减小。当列车完全停车时，空气制动力减小到常用全制动力的 70%，并一直保持到列车重新开始牵引为止。

在电制动正常关闭之前，每辆动车的 PCE 会向本车 BCE 发送电制动关闭的信号，BCE 根据该信号逐渐增加空气制动进行补足。

第四节 制动控制过程

KBWB 模拟式电气指令制动系统采用模拟电-空联合制动控制方法，其控制原理如图 11-9 所示。电气指令由驾驶台上的司机控制器 DCH 发出，采用 PWM 方式调制，能进行无级控制。每个 BCE 控制同一节车的两个转向架。

一、输入信号

（1）制动指令线。根据司机手柄的位置由 Encode 编码器所下达的指令，是两个脉宽调制信号（2PWM）。

（2）制动信号 LV。高电平时保持制动命令，防止车辆停车前的冲动，使车辆平稳停车。

（3）负载信号的传递线。拖车载重信号将通过 FIP 线传输到动车的 BCE 装置。

（4）紧急制动控制信号。跳过电子制动控制信号系统，直接驱动 BCE 中的紧急阀动作的安全保护信号。

（5）保持制动信号，防止车辆在停止时溜车。

二、控制原理

（1）司机控制器或 ATO 发出制动信号，制动列车线被激活，发出制动指令。动车 PCE/BCE 及拖车 BCE 经过对电制动信号、电制动实际值和电制动滑行等综合计算后进行判断：如果运行速度在 18km/h 以上，使用的主要制动模式是电制动，而以空气制动为辅。

（2）控制制动力大小的电流信号被编码器编译成两个 PWM 信号，PWM 信号由 PWM 列车线输出。

（3）PWM 信号触发牵引系统单元的逆变元件，使所有电机减速。为了使制动力效果最好，同时兼顾冲击极限的限制，总的制动力应综合考虑空气制动的载荷要求。

（4）当司机手柄上发出最大制动力指令时，制动列车线被激活，它将提供最大制动力（快速制动），达到紧急制动的性能（$1.3m/s^2$ 的减速度）。除非列车线 LV 被设为低电平，否则快速制动将一直保持激活。但快速制动是可逆的。

（5）当列车运行速度在 18km/h 以下时，电制动取消，BCU 发出空气制动指令，制动控制功能由 BCU 独立完成。

三、控制过程

（一）常用制动和快速制动的实施

制动控制电子装置（BCE）和牵引控制电子装置（PCE）同时接收来自牵引和制动列车线的信号，并根据这些信号判定列车的运行工况。列车制动时，BCE 和 PCE 会同时接收到双份 PWM 制动减速度脉宽调制信号（一个来自 PWM1，一个来自 PWM2），并判断这两个信号的大小，取其中较大值作为制动减速度需求值。拖车 BCE 则根据本车载重计算出所需制动力的大小，但是此时拖车 BCE 控制本车的 BCU 只施加一个极小的制动力（仅

第十一章 KBWB模拟式电气指令制动系统

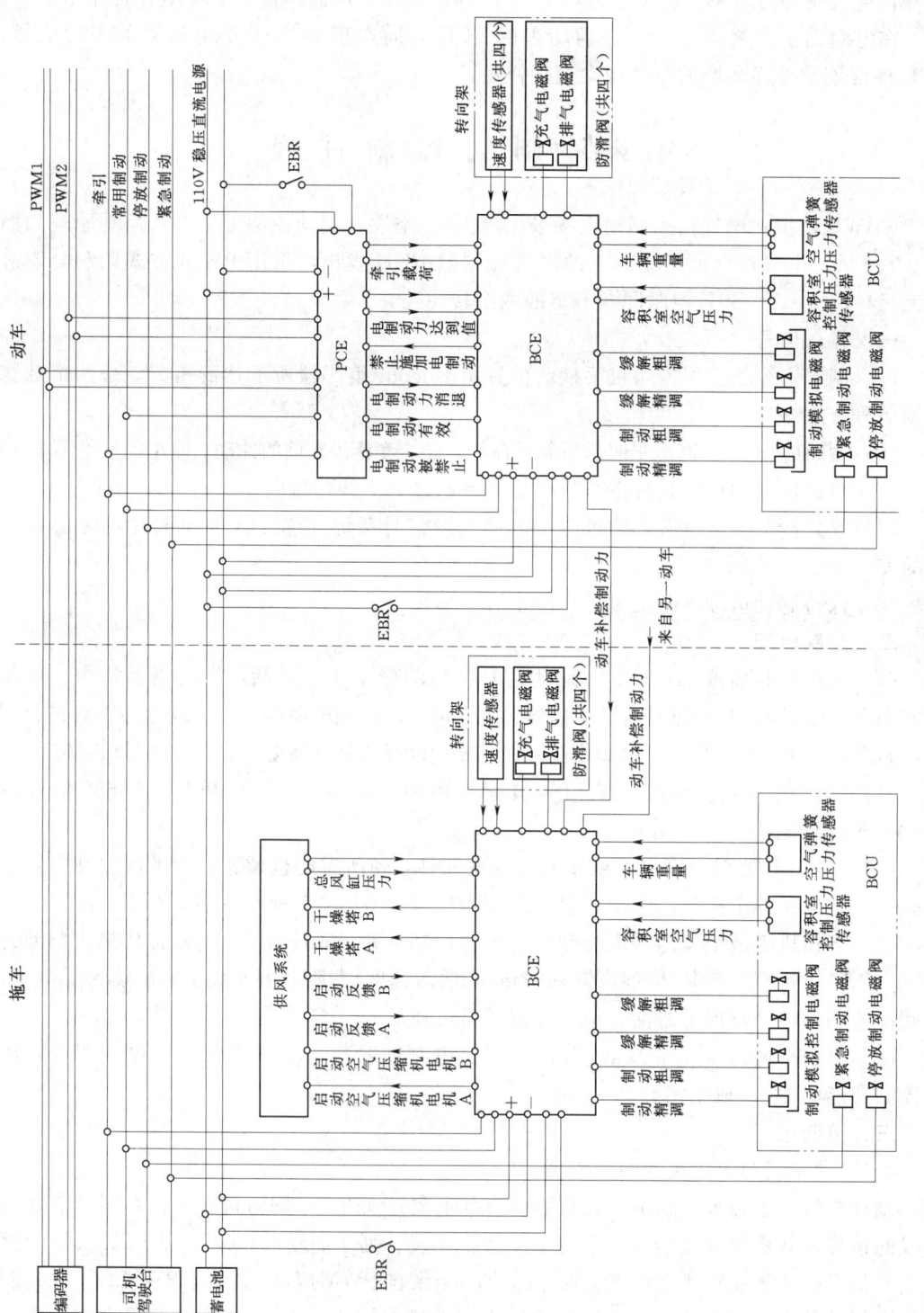

图11-9 空气制动电子控制原理

使闸瓦刚好接触车轮踏面,并不加到需求压力),同时通过 FIP 网络向动车 PCE 发送本车的载重信号(PWM)。动车 PCE 根据动车的载重再加上 50% 的拖车载重计算出所需电制动力的大小。

电制动时再生制动和电阻制动交替使用。在网压高于 DC 1800V 时,再生制动能平稳地转到电阻制动。在整个运行速度范围内,电阻制动能单独满足制动的要求。在电制动力不足的情况下,动车和拖车分别根据各自车辆所接收的制动指令,同时施加空气制动。如果电制动有效,PCE 会给本车 BCE 发送"电制动有效"指令,禁止 BCE 施加空气制动。当电制动施加到需求值后,PCE 向 BCE 发送"电制动力已施加 X X"的 PWM 信号。如果电制动力足够,BCE 控制 BCU 不动作。如果电制动力达不到减速度要求,BCE 会控制 BCU 进行空气制动补偿。当电制动开始关闭时,PCE 会向 BCE 发送"电制动关闭"信号,BCE 立即进行补偿,最终可实现电空制动的平滑过渡。如果电制动无效,PCE 会给本车 BCE 发送"电制动被禁止"指令,那么 BCE 立即施加空气制动,同时向拖车 BCE 发送"动车补偿制动力无效"指令,通知拖车自行施加所需制动力。

在电制动失效或紧急制动过程中,空气制动将替代电制动且根据列车载重全部施加空气制动。

当列车低速运行时,由空气制动代替电制动,实施"保持制动"使整列车停车。当车辆启动时,"保持制动"由牵引指令根据车辆牵引力的不断增大进行缓解;应防止牵引力不足时制动先完全缓解而造成列车倒退。

如果某车空气制动缓解出现故障,可以操作安装在车端电器柜内的三通阀,隔断该车制动储风缸与总风管的通路。这时,制动储风缸的进气口会与车体底架下的排气口相通,排出制动储风缸内的空气。当制动储风缸空气压力下降后,制动控制单元主控阀旁通管上的止回阀(检测阀)打开,单元制动机缸内的压力空气经由三通阀排向大气,实现强迫缓解。

(二)紧急制动

电气控制线路中有一个 EBR 触点与列车自动保护(ATP)及模式开关等联锁。列车运行中 EBR 触点始终吸合,紧急制动列车线与紧急制动电磁阀常得电,BCE 不控制紧急制动电磁阀。但是,一旦触发紧急制动,EBR 触点断开,动车 BCE 接收到紧急制动信号后立即向 PCE 发出"禁止电制动"信号。在紧急制动期间,所有动车的牵引电源被立即切断,只有当列车完全停下来后才可以缓解。紧急制动的触发条件是:司机控制室内的"警惕"装置起作用;按下司机控制台上的紧急制动按钮;列车脱钩;紧急列车线环路中断或失电;主风缸压力过低;ATC 系统发出紧急制动指令等。

紧急制动电磁阀是一种双入口大口径电磁阀,常带电。在正常状态下,紧急制动电磁阀与制动储风缸相通的入口关闭,与控制腔室 X 相通的入口打开。一旦紧急制动触发,紧急制动电磁阀失电,与制动储风缸相通的入口立即开启,而与控制腔室 X 相通的入口关闭。制动储风缸内的空气经空重车调整阀进入主控阀控制腔室 Y,顶开充排气阀,快速响应紧急指令,施加紧急制动压力。紧急制动力的大小由空重车调整阀根据车辆载荷来进行调整。

(三)停放制动

停放制动不受 BCE 控制,司机按下停放制动按钮,停放制动列车线与停放制动电磁阀失电，立即施加停放制动。当司机再次按下停放制动按钮时，停放制动列车线得电，只要总风管空气压力高于某设定门槛值，将压力空气送入停放制动缸便能克服停车弹簧压力，使停放制动缓解。

EP 控制板内有一个停放制动缓解压力开关来显示停放制动的施加和缓解，司机可通过控制停放制动电磁阀来实施停放制动，以测试停放制动的性能及状态。

第五节 KBWB 模拟式电气指令制动系统的特点

KBWB 模拟式电气指令制动系统除了在上海地铁 AC03 型列车上使用外，还使用于南京地铁一号线的列车上。该制动系统实现了空气制动与电制动的高度结合，在系统上保证了车辆运行的安全。列车制动时不仅满足了电制动优先的要求并实现了电空混合制动的平滑过渡，还设有冲动限制以提高乘客乘坐舒适度。该系统的设计开发和应用是成功的，其主要特点有以下几个：

(1) 采用模拟式电气指令制动控制系统，模拟方式为 PWM。

(2) 采用"拖车空气制动滞后控制"的制动控制策略，充分利用动力制动。

(3) 采用充气、排气各两个电磁阀进行精确闭环控制实现 EP 信号转换。

(4) 常用制动采用空重车调整信号加微机计算给定信号。

(5) 紧急制动根据空重车调整信号限制冲动，采用单独回路控制、失电控制和纯空气制动。

(6) 防滑控制采用动力制动和空气制动分别控制。

(7) 整个制动系统采用模块化，结构紧凑，重量轻。

(8) 制动控制系统具有故障诊断、故障存储及故障显示功能，同时通过网络进行数据交换和监控。

第十二章 EP2002 制动系统

第一节 概 述

一、系统特点

EP2002制动系统是德国克诺尔制动机公司最近推出的一个用于城市轨道交通车辆的空气制动系统。它的设计采用了架控新概念：一般制动系统都采用车控的形式，即一个制动控制单元控制一节车（两个转向架）；而EP2002制动控制系统采用架控形式，即一个EP2002阀只控制一个转向架。如果一个EP2002阀出现故障，只需切除一个转向架上的空气制动控制，使故障对列车运行的影响减至最小。

EP2002制动系统的核心部件是EP2002阀，它是机电一体化的模块部件，可以进行空气制动系统的控制、监控以及与列车控制系统之间的通信。

整个EP2002制动系统，包括它的空气压缩机、空气干燥塔、大小储风缸、控制单元和检测点，均采用模块化设计。因此，它的结构紧凑、重量轻，适用于各种不同的安装方式，使用、维护方便。目前，广州地铁3号线、上海6节编组改8节编组列车已采用了EP2002制动系统并取得了良好的使用效果。

二、系统组成

EP2002制动系统在整个列车控制中的位置如图12-1所示。它主要由EP2002阀、制动控制模块以及其他辅助部件组成。其中核心部件是三个机电一体化的电磁阀，即网关阀（Gateway valve）、智能阀（Smart valve）和远程输入/输出阀（RIO valve）。

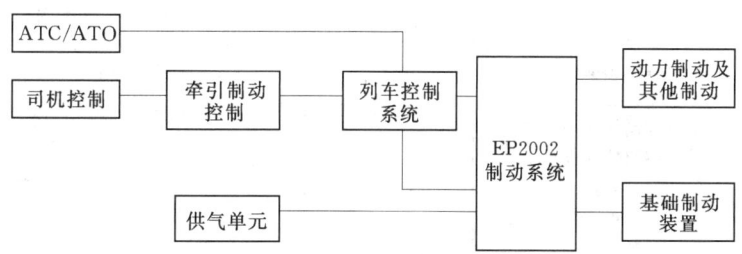

图 12-1 EP2002 制动系统框图

与EP2002制动系统联系最紧密的有供气单元和基础制动装置。供气单元主要由空气压缩机、空气干燥塔、储风缸及供气压力控制装置等部件组成，它的主要功能是向列车提供压缩空气（风源）。压缩空气不仅是空气制动系统的风源，而且是列车上其他气动设备，例如空气弹簧、升弓风缸和刮雨器等使用的风源。供气单元的所有部件被集成在一个安装架上，既节省了安装空间，又缩短了气路管，减少漏泄，方便检修。一般空气压缩机配置

VV120型，空气干燥塔配置双塔型。基础制动装置是空气制动系统的执行机构，大多选用德国克诺尔制动机公司的单元制动机，其中一半为带停放制动机构的单元制动机。

在每个司机室内设有一个双针压力表，用于显示主风缸的压力和第一根车轴上的单元制动机的制动缸压力。双针压力表带有内部照明，并有常规测试/校正接口。

第二节 EP2002 阀

一个EP2002阀就相当于一般空气制动系统中的微机控制单元（MBCU或BCE）加上制动控制单元BCU的组合，此外，它还具有网络通信的功能。根据架控的需要，装备了EP2002制动控制系统的列车，每节车均装有两个EP2002阀，并且分别安装在其控制的转向架附近的车体底架上。所有的EP2002阀上都带有多个压力测试口，可以方便地测量储风缸压力、制动机风缸压力、车辆载荷压力以及停放制动缸压力等。

一、智能阀

智能阀（Smart valve）的内部结构如图12-2所示。它是一个机电一体化的组合产品，包括电子控制板、电源（功率放大）板和气动阀组合件。安装在气动阀上的电子控制板能接收电控制信号并直接控制气动阀，还可对其所控制的转向架进行制动和防滑的控制。它

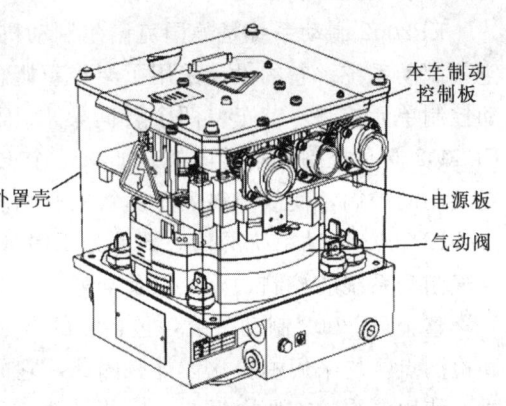

图12-2 智能阀结构图

可以对该转向架的空气制动系统进行故障诊断及故障显示，还可以通过CAN总线与其他EP2002阀进行通信。智能阀通过硬线与列车安全回路（紧急制动回路）相连，当安全回路失电时，智能阀将使该转向架产生紧急制动。

智能阀的输入输出接口如图12-3所示。

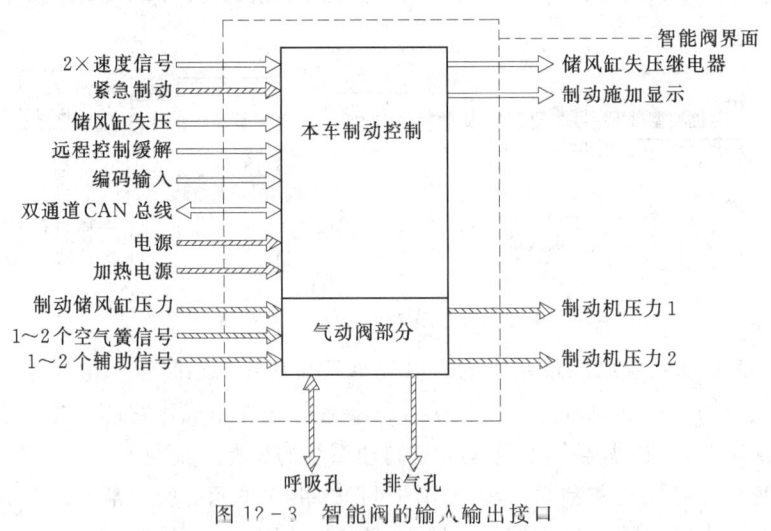

图12-3 智能阀的输入输出接口

从输入输出关系可以看出，智能阀的主要功能有以下几方面：

（1）常用制动时根据转向架的负载对输出制动压力进行调整并输出制动机压力。

（2）紧急制动时根据转向架的负载对输出制动压力进行调整并输出制动机压力。

（3）对每个轮对的滑行进行保护（WSP控制）。

（4）制动应用显示。

（5）储风缸失压时向继电器输出断开信号。

（6）通过CAN总线向网关阀报告本车故障监示情况。

二、RIO阀

RIO阀的内部结构如图12-4所示。它比智能阀多了两块电子控制板，即制动控制单元板和模拟输入输出板。除了具有智能阀的所有功能外，RIO阀还可以通过制动控制单元板和硬线与其控制的转向架上的牵引控制单元通信，使电制动和空气制动协调工作。RIO阀的输入输出接口如图12-5所示。

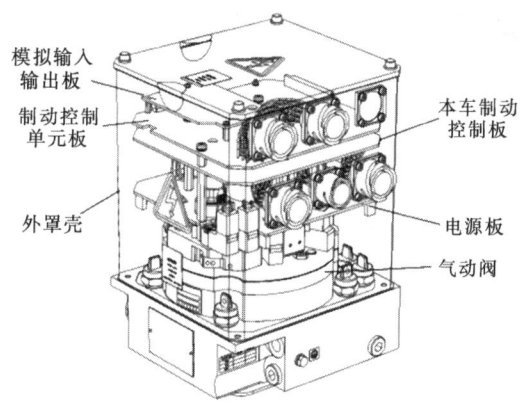

图12-4 RIO阀结构图

RIO阀具有与网关阀相同的输入输出，虽然它不进行制动控制运算也没有安装网络接口板。RIO阀读入可编程输入信号，并使其通过EP2002双通道CAN总线与总网关阀

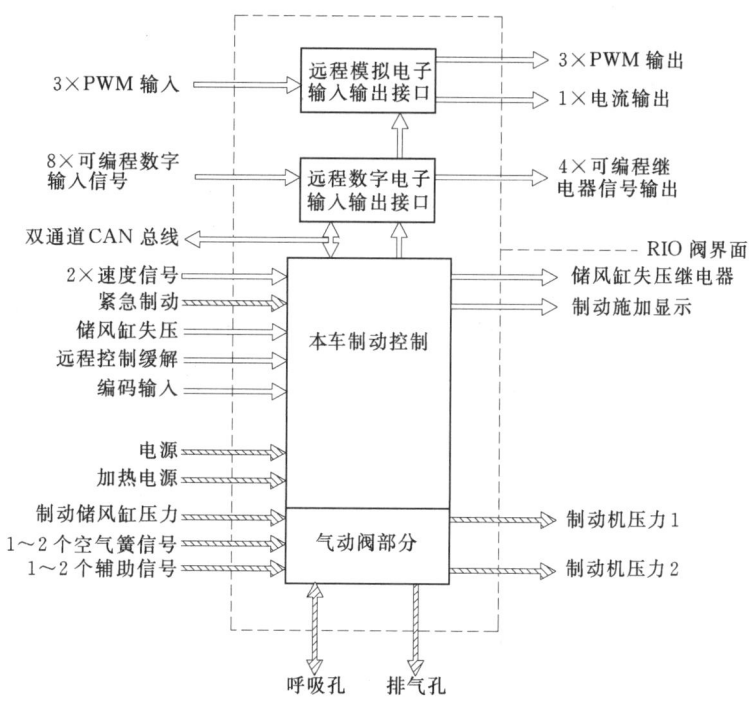

图12-5 RIO阀的输入输出接口

空气压力信号；电源或电信号；信号

适配。其可编程输出信号的状态由总网关阀控制。

三、网关阀

网关阀的内部结构如图 12-6 所示。它比 RIO 阀又多了一块电子控制板——网络通信板。除了具有 RIO 阀和智能阀的所有功能外,网关阀还具有与列车控制系统进行通信的功能。网关阀的输入输出接口如图 12-7 所示。

网关阀向所有智能阀发出指令和向本车 CAN 总线上所有 EP2002 阀传递常用制动参数。网关阀也是 EP2002 制动控制系统与列车控制系统间的接口。它与 MVB、LON、FIP 和 RS485 通信网络或传统的列车线和模拟信号系统都能配合。任何 EP2002 制动控制系统,其制动指令的发布功能只需要通过一个网关阀便可以对所有列车上的制动系统发送常用制动作用力要求,以达到司机或 ATO 给出的制动作用力需求。

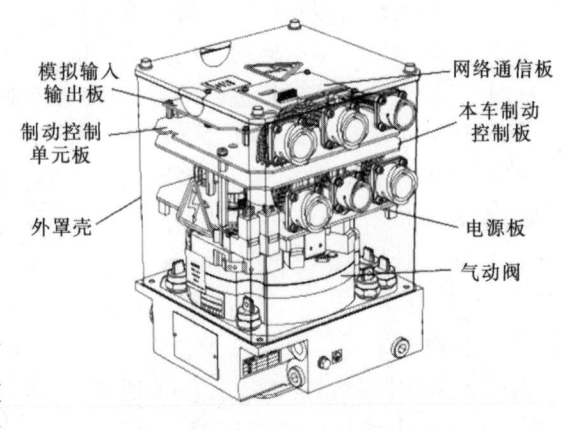

图 12-6 网关阀结构图

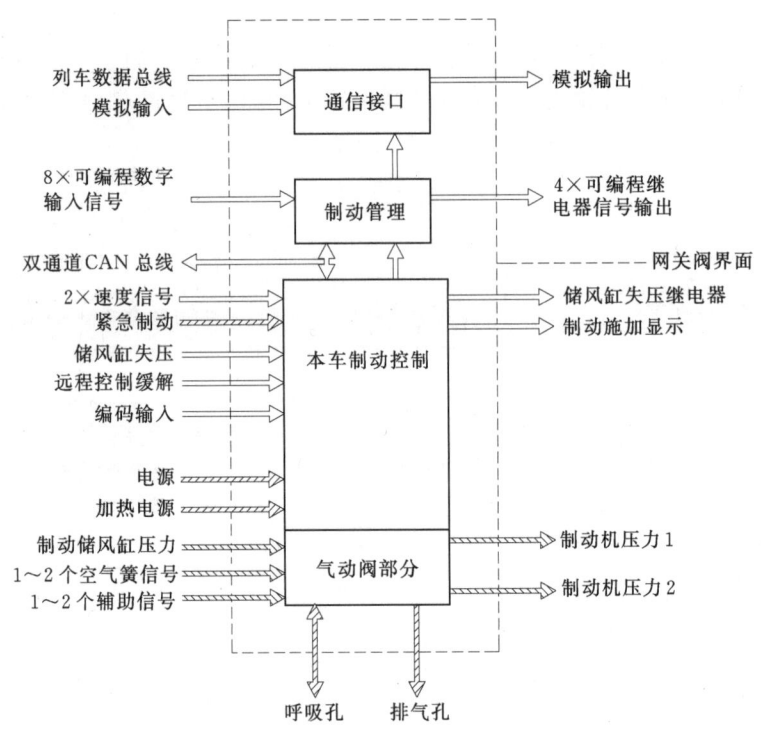

图 12-7 网关阀的输入输出接口

⇒ 空气压力信号; ⇒ 电源或电信号; ⇒ 信号

四、EP2002 阀的气动结构

所有的 EP2002 阀的气动结构和内部气路是相同的,其气路图如图 12-8 所示。

第二节 EP2002 阀

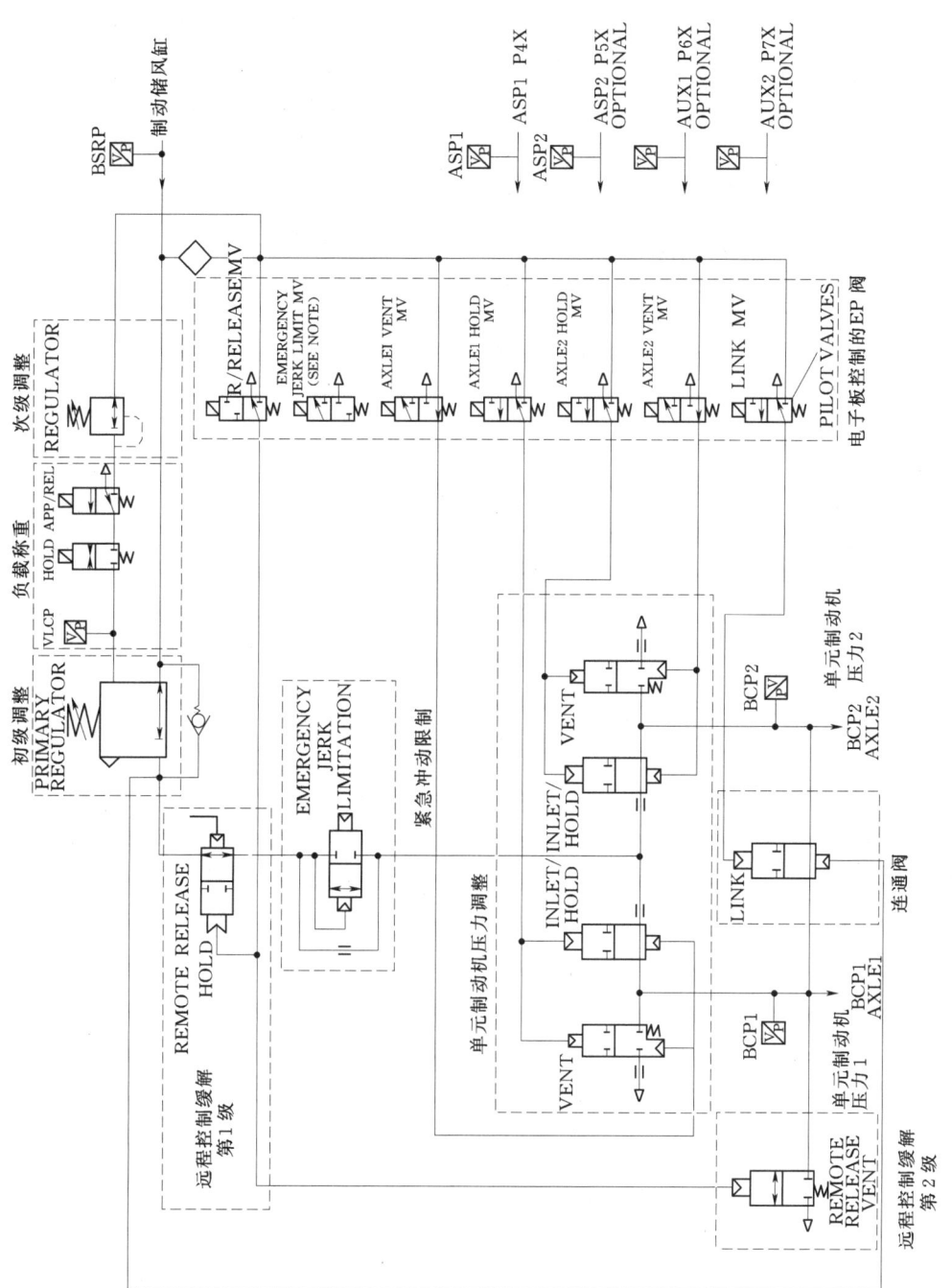

图 12-8 EP2002 阀的气动结构和气路图

如果不设置紧急冲动限制，那么紧急冲动限制电磁阀就换成一块孔板。

（一）压力调整模块

这里的次级调整阀与负载称重模块按照输入的空气簧压力（ASP1/ASP2）信号对初级调整阀预置压力进行修正，这在常用制动和紧急制动时都有效。初级调整阀将输出压力调整到与负载相对应的制动缸压力，向单元制动机输出。如果负载称重模块发生故障，初级调整阀也会提供一个无负载的紧急制动压力。其实负载称重模块在常用制动时并不起作用，它的作用只是限制提供给制动缸的最大压力不超过超员载荷下紧急制动压力的水平。

（二）紧急冲动限制

紧急冲动限制可以使用也可以不使用。如果不使用紧急冲动限制，将气路中的紧急冲动限制电磁阀换成一块孔板。

（三）单元制动机压力调整模块

单元制动机压力调整模块将初级调整阀的输出压力分成两路，向单元制动机输出。该模块也在轮对防滑功能被激活时，对单元制动机施行排气控制。

（四）连通阀

连通阀可以使同一转向架的两个单元制动机制动缸连接到一起或分开。在常用制动和紧急制动时，制动缸输出气路相通，以转向架为单位施加制动力；在轮对防滑功能被激活时，两根车轴的制动缸被分开，分别进行排气减压控制。

（五）压力传感器

压力传感器用于单元制动机制动缸压力、负载称重、总风缸压力和停放制动等压力点的测量，测得的压力信号供内部调节和外部显示使用。

第三节　EP2002 制动系统网络结构

EP2002 制动控制系统可以与多种总线结构兼容，例如 MVB 总线、RS485 总线、LONBUS 总线和 FIP 总线等。网络结构的设计关系到制动控制方式以及制动力分配等问题，因此主要从安全性、可靠性、经济性等方面考虑来选择网络。目前，应用较多的有以下两种网络结构。

一、半列车 CAN 总线网络结构

半列车 CAN 总线网络结构是将半列车所有的 EP2002 阀用 CAN 总线相连，并由 B 车和 C 车上的两个网关阀通过 MVB 总线或其他总线与列车控制系统进行通信，如图 12-9 所示。其中一个网关阀被定义为主网关阀，另一个网关阀被定义为从网关阀。当主网关阀出现故障时，从网关阀会自动接替主网关阀的工作，保证系统的冗余性。如果 MVB 总线出现故障，

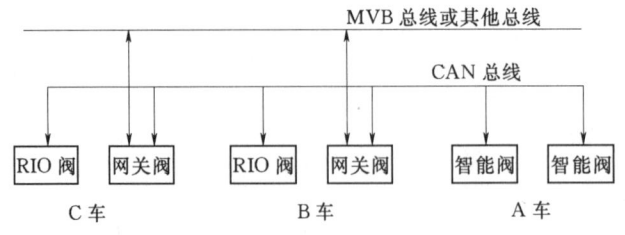

图 12-9　半列车 CAN 总线网络结构图

网关阀则按默认状态工作。此外，CAN 总线由两对双绞线组成，具有较好的冗余性。

在 B 车和 C 车上各设一个 RIO 阀的目的是：RIO 阀可通过硬连线与其控制的转向架上的牵引控制单元进行通信，使电制动和空气制动协调工作。这种方法也不是唯一的，RIO 阀与本转向架牵引控制单元的通信工作也可以用网关阀与 MVB 总线或其他总线之间的通信来代替，这样 B 车和 C 车上的 RIO 阀就可以用智能阀来代替。

二、单节车 CAN 总线网络结构

单节车 CAN 总线网络结构是将每节车上的两个 EP2002 阀用 CAN 总线相连，并由每节车上的网关阀通过 MVB 总线或其他总线与列车控制系统进行通信，如图 12-10 所示。如果 MVB 总线出现故障，网关阀则按默认状态工作。

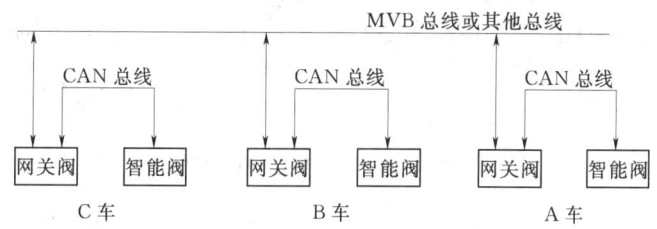

图 12-10 单节车 CAN 总线网络结构图

从可靠性角度分析，半列车 CAN 总线网络结构中的从网关阀作为主网关阀的备份，具有较好的冗余性，如果 CAN 总线在 A 车和 B 车之间断开，将导致 A 车的空气制动失效。而如果单节车 CAN 总线网络结构中某节车的网关阀出现故障，则该节车的空气制动失效；如果某节车上的 CAN 总线断开，则一个转向架上的空气制动失效。由此可见，半列车 CAN 总线网络结构的可靠性略高于单节车 CAN 总线网络结构。

从经济角度分析，半列车 CAN 总线网络结构比单节车 CAN 总线网络结构少一个网关阀，多一个 RIO 阀或智能阀。单从 EP2002 阀的总价来看，单节车 CAN 总线网络结构比半列车 CAN 总线网络结构要高，但是考虑到半列车 CAN 总线网络结构所使用的总线更长，因此两者的成本基本相同。

三、EP2002 制动系统的制动管理及工作逻辑

EP2002 制动控制系统如果采用单节车 CAN 总线网络结构，一般由列车的主车辆控制单元（VCU）来管理制动。除了紧急制动，主 VCU 会控制列车电制动与空气制动之间的制动力分配。制动力指令由列车总线发给 VCU 和网关阀，主 VCU 连续循环计算列车所需制动力的大小，还要加减车辆的负载来最终确定总制动力。主 VCU 根据网压、电-气制动分配特性将总制动力分配给电制动控制单元和空气制动控制单元。同时，主 VCU 和网关阀之间还要通过列车总线和 CAN 总线进行一系列实际制动施加值的数据交换，使列车具有负载补偿功能和万一制动系统发生故障后的制动力合理分配，如图 12-11 所示。

如果 EP2002 制动控制系统选用半列车 CAN 总线网络结构，也由列车的主 VCU 来管理制动。可以选择两个半列车 CAN 总线网络中的任何一个主网关阀作为整列车的主网关阀，而另一个半列车 CAN 总线网络中的主网关阀作为备份。

广州地铁 3 号线列车制动控制系统的工作逻辑如图 12-11 所示，该列车采用 VCU 来

管理制动。

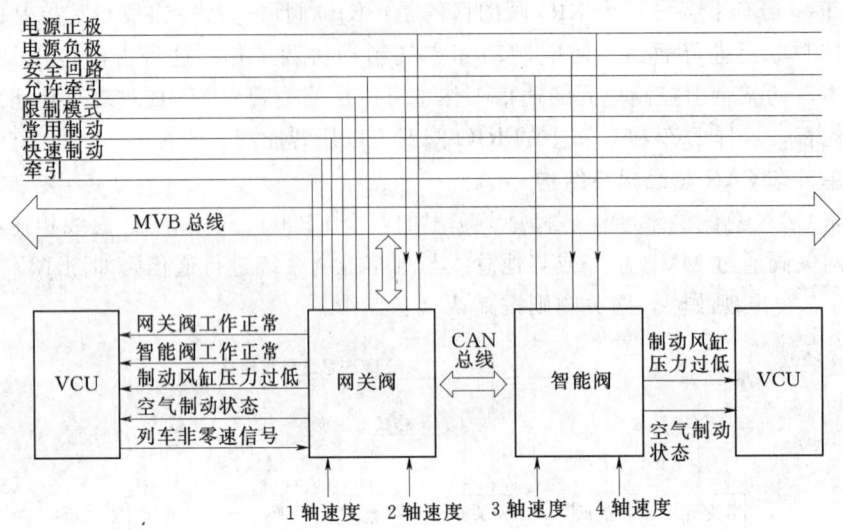

图12-11　广州地铁3号线列车制动控制系统工作逻辑图

第四节　EP2002制动系统的控制过程和作用原理

一、常用制动

在常用制动模式下，电制动和空气制动一般都处于激活状态，以便电制动和空气制动之间的及时转换，优先采用电制动。常用制动具有冲击极限限制和防滑的功能。

每个EP2002阀测量本转向架的负载，并通过本车制动控制板传输数据到CAN总线。CAN总线内的主网关阀通过MVB总线或其他总线与列车控制系统进行通信，根据列车控制数据和转向架负载为本车的每个转向架产生单独的、与负载信号相关的空气制动指令，再通过CAN总线将指令发给各个EP2002阀。上述过程考虑到了每个转向架的黏着限制情况，每个局部制动控制板通过气动阀和气动阀单元内的传感器反馈信号提供闭环空气制动控制。

二、快速制动

当司机手柄处于快速制动挡时，快速制动被触发。快速制动与紧急制动的制动力相同，但是快速制动是可逆的。快速制动也是优先使用电制动，当电制动故障或不足时，由空气制动来补充。快速制动有防滑保护和冲动限制，其工作原理与常用制动时相同。

三、紧急制动

紧急制动是通过列车安全回路来控制的。紧急按钮被按下、列车超速、警惕按钮松开、车钩断钩和ATP系统的报警触发信号等都会触发列车紧急制动信号。紧急制动信号一经触发，列车安全回路中断，触发信号传输给列车控制单元和牵引控制单元。牵引控制单元中断牵引系统工作。紧急制动全部由空气制动承担，而且制动命令是不可自动恢复的，紧急制动有防滑保护，但不受冲动极限限制。

四、停放制动

停放制动采用带弹簧制动器的单元制动机,利用释放弹簧储存的弹性势能来推动弹簧制动缸活塞,带动两级杠杆使闸瓦制动的。停放制动的缓解则需要向弹簧制动缸充气,通过活塞移动使弹簧压缩,从而使制动缓解。这种单元制动机还具有手动缓解停车制动的功能。EP2002 阀将实时监控停放制动缸的空气压力。

五、保压制动

(一)激活保压制动的条件

当地铁列车施加制动后,速度传感器检测到列车速度约为 0.5km/h 时(该速度值可加以调整),由 EP2002 阀激活保压制动,以防止列车溜车。保压制动可使 WA3 载荷的列车停放在最大坡度线上而不产生溜滑。

(二)缓解保压制动的条件

缓解保压制动的条件有以下几项:

(1) 司机将主控制器手柄放在牵引位上,每个牵引系统将牵引力的实际值发送给列车主 VCU。

(2) 主 VCU 计算列车牵引力实际值的总和。

(3) 牵引力实际值的总和足以启动列车(不会引起列车后溜)

(4) 主 VCU 向 EP2002 阀发出"缓解保压制动"信号。

空气制动的状态信号将反馈给 VCU,VCU 通过该信号确认制动是否缓解,如果空气制动在某一时间内没有缓解,则主 VCU 向各牵引系统发出中断牵引的指令,并再次施加保压制动。

六、防滑保护功能

轮对防滑保护系统采用轴控防滑方式,包括防滑阀、测速齿轮、速度传感器和防滑电子控制单元,防滑电子控制单元和防滑阀都集成在 EP2002 阀内。

系统通过控制制动力来检测和校正车轮滑行。安装于每根轴上的速度传感器用来监控轴速,这个信息共享于 CAN 区域内的 EP2002 阀。

如果 EP2002 阀检测到滑行,它将通过控制制动缸压力来校正该轴上的车轮滑行,当列车制动并且检测到滑行存在时,车轮防滑保护控制能独立控制每根轴的制动力。以下两种检测车轮滑行的方法可用于确定低黏着情况的存在:

(1) 单根轴过大的减速度。

(2) 每根轴和旋转速度最高的轴的速度偏差。

当由上述任意一条件检测到车轮滑行,则对应该转向架的 EP2002 阀将快速连通该轴制动缸与大气之间的通路,通过减小制动缸的压力来消除滑行现象;同时,控制系统将定期执行地面速度检测,以便更新计算真实的列车速度。轮对防滑保护系统能根据轨道条件精确地控制滑行深度,这将改进后面车轮的黏着条件,在低黏着情况下使用最大制动力,同时确保没有车轮擦伤。当车轮防滑保护装置计算确定的黏着条件回到正常状态,系统将返回到最初的状态,地面速度检测将结束。

此外,EP2002 制动控制系统还具有空气制动和停放制动状态检测功能、制动风缸压力过低检测功能、自测功能和故障记录功能等。

第五节　EP2002 制动系统的优缺点

一、系统应用

EP2002 制动控制系统的装车试验是在慕尼黑地铁列车上进行的。

中国广州 3 号线是世界上第一个 EP2002 制动控制系统的用户。现在 EP2002 制动控制系统已经和即将使用在伦敦地铁、广州 4/5 号线、上海 6 节编改 8 组列车、迪拜地铁、马尼拉地铁、北京地铁 4 号线和北京地铁 10 号线上。

二、EP2002 制动控制系统的优点

EP2002 制动控制系统的优点主要表现在以下几个方面：

(1) 减小了故障情况下对列车的影响。如果一个 EP2002 阀出现故障，则只有一个转向架的制动失效，列车只需要对此转向架损失的制动力进行补偿；而一般制动控制系统中的制动电子控制单元 BECU 出现故障，列车需要对本节车损失的制动力进行补偿。因此，使用架控方式的 EP2002 制动控制系统尤其适合于短编组的地铁列车。

(2) 缩短了制动响应时间。根据克诺尔制动机公司的试验数据，EP2002 制动控制系统的响应时间比常规制动控制系统的响应时间缩短约 0.2s。

(3) 提高了制动精确度。常规制动控制系统的精确度约为 $\pm 0.2 \times 10^5 Pa$；而 EP2002 制动控制系统提供给制动缸制动力的精确度可以达到 $\pm 0.15 \times 10^5 Pa$。

(4) 减少了空气消耗量。由于 EP2002 阀靠近转向架安装，从 EP2002 阀到制动缸的管路长度减小，所以在制动时的空气消耗量将减小，同时空气泄漏量也将减小。

(5) 节省了安装空间。减轻重量、减少布管和布线数量。

(6) 提高了可靠性和可用性，降低了故障率。根据克诺尔制动机公司的计算，EP2002 制动控制系统的故障率比常规制动控制系统的故障率降低了约 50% 左右。

(7) 减少了维护工作量。EP2002 制动控制系统部件集成化程度较高，需要维护的部件较少，大修期从常规制动控制系统规定的 6 年提高到 9 年。

(8) 缩短了安装和调试时间。

(9) 降低了总体成本。EP2002 制动控制系统的产品价格基本与一般制动控制系统价格相同；但是由于缩短了安装和调试时间以及降低了后期维护费用等原因，EP2002 制动控制系统的总体成本将低于一般制动控制系统。

(10) 提高了控制精确度。EP2002 制动控制系统可以根据每个转向架的载荷压力调整施加在本转向架上的制动力，比一般制动控制单元以每节车载荷压力进行制动力控制更加精确和优化。

三、EP2002 制动控制系统的缺点

EP2002 制动控制系统的缺点主要表现在以下几方面：

(1) 关键部件维护难度增大。由于 EP2002 阀的技术含量和集成化程度很高，万一 EP2002 阀出现故障，基本上都需要将整个阀送回制造厂家进行维修，维修周期长；而如果一般制动控制系统出现故障，只需有经验的工作人员直接查找并更换故障部件（如压力传感器、防滑阀和插件板等），就可缩短维护周期，减少对车辆使用产生的影响。

(2) 互换性差。在 EP2002 制动控制系统中如果一个 EP2002 阀出现故障，只能够用相同类型的阀进行更换；而一般制动控制系统中的制动电子控制单元 BECU 甚至 BECU 中单独的插件板在所有车上都可以互换。

(3) 无直观的故障显示代码。一般制动控制系统中的制动电子控制单元 BECU 安装在车上电器柜内，可以提供四位数字的故障代码显示，有利于工作人员查找故障；而 EP2002 制动控制系统没有直观的数字故障代码显示功能，工作人员只能通过专用软件才能查找故障。

第十三章 制动系统检修工艺和设备

制动系统是城市轨道交通车辆至关重要的安全部位，必须时刻保持良好的状态和反应，因此做好制动系统的维护保养工作是车辆检修工作的重点之一。

做好制动系统的维修保养工作主要有以下三点：

（1）每天出车之前必须对车辆的制动系统仔细检查，回库后进行必要的维护保养工作，对运营中出现的故障必须查找出原因并及时修理和记录。

（2）在车辆定期检查和修理时，包括定修、架修和大修，严格按照检修规程对制动系统各零部件进行检查、更换、测试和修理，这也是保证制动系统安全运营的重要一环。

（3）为了保证制动系统维修的质量，还必须配备一些精度高、效率高的专用检修和检测设备。

下面简要介绍一下城市轨道交通车辆制动系统的检修工艺和设备。

第一节 制动系统检修工艺

一、日检

日检是每天必须对车辆进行的检查。日检一般放在每天的运营结束后，列车回库时进行。日检的目标是保证车辆的正常运营，所以日检的主要内容是针对车辆运营安全至关重要的部位，例如走行部分的转向架构架、轮对、齿轮箱悬挂装置、连轴器和轴承箱，制动系统的空气压缩机组、单元制动机和闸瓦，车门控制系统，以及车载信号设备等进行例行检查，保证在第二天出车前，车辆能够处于良好状态，所以过去也将日检称为例检。

空气制动系统对车辆的安全是至关重要的，制动系统从某种意义上来说，甚至比牵引系统更重要。制动系统日检的主要对象为以下几项：

（1）空气压缩机组。用眼观测空气压缩机组外表，应无外伤或悬挂松动；用耳聆听空气压缩机组工作声音，应无明显异常杂音。驱动直流电机换向器和碳刷应无烧灼痕迹。

（2）空气干燥器。检查空气干燥器（塔）悬挂是否松动，排气口是否堵塞。

（3）单元制动机。检查闸瓦是否碎裂或磨耗到限；检查锁紧片、橡胶保护套、闸瓦卡簧及其他螺栓是否脱落或损伤。

（4）各种阀门和管路。检查各种阀门开闭位置是否正确，阀门和管路的连接处是否有泄漏。

二、月检

月检也是城市轨道交通车辆日常维修的重要一环，是每个月进行一次的车辆保养和检查。月检对制动系统的检查与日检基本相同。但月检与日检最大的区别是需要作动态牵引试验和制动试验。试验在试车线上进行,牵引试验包括 0～36km/h、0～60km/h、0～80km/h;制动试验包括 40km/h、60km/h 和 80km/h 全常用制动及 40km/h、60km/h 快速制动。如果试车线较长,还应做 80km/h 快速制动试验。

三、定修

定修属计划修,是一种预防性的检修,一般每 10 万 km 或每一年进行一次(两个指标无论哪个先到就开始定修)。定修对重要的大部件作较细致的检查;对检查后发现故障的部件进行修理;对易损零件进行更换。

制动系统的定修主要包括以下内容。

(一) 空气压缩机组

(1) 检查悬挂吊绳是否完好、连接牢固。

(2) 更换空压机油。

(3) 清洗油浴式过滤器。

(二) 空气干燥塔

(1) 清洗排污口。

(2) 用湿度计测量检查出口空气的湿度,一般不能大于 35%。

(三) 单元制动机

(1) 测量闸瓦与踏面之间的间隙,测量闸瓦厚度,如果到限应立即更换。

(2) 检查停车制动功能,包括人工缓解。

(四) 风缸

对风缸排水,检查塞门是否有泄漏。

制动系统的其他检查与月检相同。

此外,定修列车最后还要进行静态和动态的调试和试验。对制动系统的静态调试包括以下内容:

(1) 复核、调整制动空压机压力开关。

(2) 检查防滑阀功能。

(3) 全常用制动和紧急制动功能试验。

(4) 停车制动及缓解试验。

动态调试和试验包括以下三项:

(1) 动车启动及收车试验。

(2) 低速牵引、制动试验。

(3) 制动试验。

1) 40km/h、60km/h 和 80km/h 全常用制动。

2) 40km/h 和 60km/h 紧急制动。

四、架修和大修

(一) 架修和大修的性质

城市轨道交通车辆的架修和大修都属于高级别的定期维修,即时间性预防维修。它是以使用时间或运行里程作为检修期限的;只要车辆使用到预先规定的时间或运行的里程,无论车辆的技术状态如何,都要进行规定的检修工作,这是一种带强制性的预防维修方式。

架修和大修的主要依据是机件的磨损规律：当车辆运用一定时间或走行一定里程后，某些零部件会产生一定程度的磨损，磨损严重时会影响其正常工作和安全，甚至会出现故障或造成事故。通过对车辆零部件损伤的大量统计资料进行分析研究后，把车辆上不同损伤规律和损伤速度的零部件科学地划分成若干组，并确定出不同零件的损伤极限，从而规定了不同修程的修理期限和修理范围。这样，使车辆在运用中能得到有计划的修理，亦即零件尚未达到极限损伤之前就加以修复或更换，所以是预防性的有计划的修理。

我国城市轨道交通车辆的架修一般是每50万km或每五年进行一次（两个指标无论哪个先到就开始架修）。架修与铁路客车的段修类似。车辆架修主要是恢复性的修理。架修时应对车辆进行全面检查，但重点是车辆的走行部分（转向架）、车钩缓冲装置和空气制动系统等部件。对车辆在运营中已经发现的各种故障和损伤应彻底修复，按架修限度规定更换磨损过限的零件，保证各零部件作用良好，减少架修后投运中的临修作业，以提高车辆的使用效率。架修时首先将列车解钩，然后对每节车进行大部件拆卸，如转向架、牵引电机、车钩、空调机组、车门、制动控制单元和单元制动机等。这些拆卸下来的大部件分别送入各个专业班组进行检查和修理。还有一些大部件则留在车上进行检查，如牵引斩波器（逆变器）、辅助逆变器等。此外，有些只能在现场作业的项目，如地板、内饰等也在车上修理。架修的最后阶段是列车进行组装、调试。

大修是最高级别的车辆修理，一般是每100万km或每十年进行一次（也是两个指标哪个先到就开始大修）。城市轨道交通车辆的大修与铁路客车的厂修类似，大多在大型轨道车辆修理工厂内进行，也有送回原车辆制造厂进行大修的。车辆大修的目的是对车辆做彻底的检查和修理，使其恢复新车出厂时的功能和标准。大修除了覆盖架修内容外，还要更换车轮、轴承、内饰和橡胶件等零部件。大修时对车辆进行全面细致的检查，对主要部件按大修限度（大修限度是车辆进行大修时，零部件上允许存在的损伤程度的规定，也是检验损伤修复后是否合格的依据）进行更换或彻底修理。大修还有一个额外任务，如果通过长期运营后发现车辆的个别部件设计有问题，应修改设计并重新制造部件在大修过程中更换。如果有的零部件其应用技术经过10年时间后已经被淘汰，还需对车辆进行必要的现代化技术改造，以提高现有车辆的质量。最后，车体还要进行整修和油漆。

（二）制动系统的架修和大修

在车辆的架修和大修过程中，制动系统既是个重要的专业，又是个庞大的机构。架修和大修中制动系统的内容及零件数量都很多。有的部件虽然由其他专业拆装，例如单元制动机由转向架组负责拆装，但检修仍在制动专业这边；有的部件不属于制动系统，例如车门驱动气缸，但也由制动组进行检修。下面我们结合上海地铁一号线AC01型直流制列车的架修和大修，简要说明制动系统在架修和大修中的主要检查修理工作。

1. 空气压缩机组

无论架修还是大修，都要分解空气压缩机组。将空气压缩机组分解后，清洗各个零部件，检查内部零件是否有损坏或损伤，尺寸是否符合要求。

清洗空气压缩机外表及冷却器叶片。冷却器叶片应无积垢，外表补漆应该均匀完整。对需要润滑的各零部件用油脂润滑。组装空气压缩机，并与电机重新连接后上空气压缩机综合试验台进行整机试验（见图13-1）。

第一节 制动系统检修工艺

图 13-1 空气压缩机综合试验台的整机试验

2. 空气干燥塔

分解空气干燥塔，清洗零部件并检查其是否完好、有无堵塞，特别是排污机构。重新组装空气干燥器，更换干燥剂。对排污功能进行测试，测试功能应良好。空气干燥塔外表重新油漆。

3. 单元制动机

对单元制动机作外观清扫并冲洗积尘和污垢。松开闸瓦连接螺栓、螺母，取下挡圈环，抽出扭簧心轴，取下吊臂。拧下定位弹簧螺套，对弹簧片进行清洁后涂上薄层黄油。将单元制动机吊至试验台进行功能及泄漏测试（见图 13-2）。

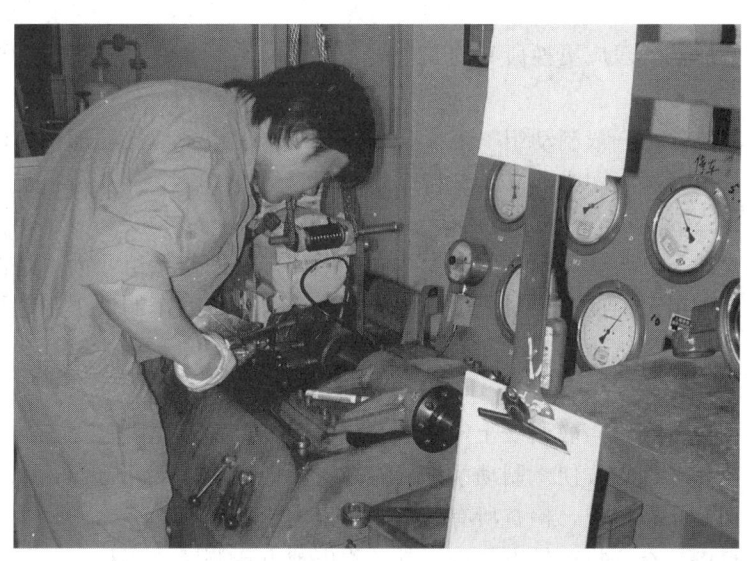

图 13-2 单元制动机的功能及泄漏测试

安装吊臂、扭簧心轴和扭簧并将挡圈环扣好，扭簧和心轴涂上薄层黄油，螺杆表面也涂黄油。

将闸瓦托连接螺栓插上，并将螺母加一弹簧垫圈拧紧。清洁和检查皮腔，有无裂纹、损伤，并对其润滑。更换闸瓦，安装应牢固。

架修时不分解制动缸。大修时应分解制动缸并清洁内腔和活塞，检查活塞及弹簧，更换活塞环。

4. 空气制动控制系统

将空气制动控制系统的各种阀和压力开关分解，对阀进行检查、清洁和润滑。在气动单件及组合单元试验台上测试电磁阀和气动阀的功能。重新组装阀及压力开关，安装位置正确，安装牢固。

5. 防滑阀

清洁防滑阀的表面，应无积垢、无灰尘。对防滑阀进行检查、清洁和润滑，应无损伤、裂纹。测试防滑阀的功能，功能应良好，无泄漏，电磁线圈绝缘性能应良好。

6. 双针压力表

拆卸并清洁压力表，外表面应无积尘、无积垢，表面玻璃清晰、干净。对压力表进行检查，应无损伤、无裂纹、无变形，玻璃无碎裂。校验压力表，使其指示正确，性能良好。表具安装正确。

7. 各种测试接头

清洁各种测试接头，应无积垢、无灰尘。对各种测试接头进行检查，有无损伤、裂纹和变形。检查各种测试接头的功能，功能应良好，无泄漏。

8. 过滤器

拆卸过滤器，去除滤网上及内部的杂物。清洗后擦拭干净。

安装过滤器，安装位置应正确、牢固。

9. 安全阀

架修和大修后，一般应更换所有的安全阀。

10. 其他

除了制动系统外，一般制动组（工段、车间）还要承担其他气动部件的修理，例如车门驱动气缸、刮雨器、气喇叭和二系悬挂高度阀等。

（三）制动系统架修和大修后的调试

城市轨道交通车辆与铁路车辆的最大不同就是列车有固定编组，而不是像铁路客车或货车那样可任意编组。因此，架修或大修后的列车必须进行列车调试。制动系统是架修和大修后的调试重点，调试分为静调和动调。

1. 与制动系统有关的静调

静调在静调线上进行。静调线上有接触网1500V直流电，下有检修地沟，还有登车顶的梯子，检查作业都很方便。制动系统静调的主要内容有以下几方面：

（1）列车初始状态检查，检查所有开关、闸刀的位置。

（2）列车得电检查，检查供电是否正常，蓄电池电压测量。

（3）驾驶室得电检查，用司机钥匙打开主控制器。

(4) 停车制动检查，驾驶室操作。

(5) 牵引控制单元（TCU）静调，用便携式计算机发出模拟指令，检查牵引和制动电路输出响应。

(6) 气路和压力表检查（2kg）。

(7) 制动压力检查（3kg）。

(8) 轮径设置。

2. 与制动系统有关的动调

动调在试车线上进行。制动系统动调的主要内容有以下几方面：

(1) 库内低速运行和制动试验。列车出静调线时先要低速运行，检查列车动作是否正常，驾驶室面板信号显示是否正常，各种指示灯显示是否正确。

(2) 车轮直径校正运行，速度低于28km/h。

(3) 紧急牵引试验，全牵引工况。

(4) 常用制动试验，40km/h、60km/h和80km/h的全常用制动。

(5) 快速制动试验，在20km/h、40km/h、60km/h和80km/h条件下，制动距离分别小于17m、65m、130m和190m。

(6) 紧急制动试验，在20km/h、40km/h、60km/h和80km/h条件下，制动距离分别小于17m、56m、120m和180m。

(7) 电制动失效制动试验，切除部分动车电制动，检查空气制动补偿作用。

(8) 牵引特性试验，检查列车在全牵引、全制动运行下的工况。

第二节　制动系统维修设备

城市轨道交通车辆的维修要达到高质量、高水平，仅有工艺上的保证还不够，还需要有设备上的保证。"工欲善其事，必先利其器"，一个好的工艺过程要靠好的设备来配合。因此，维修制动系统必须有一套完整的、齐备的设施和设备，同时还应拥有运输、动力等辅助设备及仪器、仪表和工具等各种检测手段。

根据制动系统工艺的过程，配置的工具和设备为专用拆装工装、清洗设备、液压机和空气压缩机检修套装工具等；配置的专用试验设备为空气压缩机综合试验台、单元制动机试验台、电磁阀和气动阀门试验台等。

此外，制动系统维修后要作动态试验，必须配置试车线。试车线一般要超过2km，越长越好，但至少为1.5km，否则不安全。若试车线少于1.5km，80km/h速度的牵引和制动试验几乎不能做。万一轨道黏着差，高速度情况下制动距离拉长，容易冲出线路止挡。同时，试车线一般要求道岔少些，轨道平直一些，试验结果才比较准确。

试车线两侧应竖立停车、缓行、鸣号和限速等警示标志，随时提醒司机和测试工作人员注意安全。有些试车线在端头设计有地沟，供试车时临时检查车底用。

制动系统维修使用的拆装工装、清洗和检修工具及设备与一般机械维修基本相同，这里不再作专门介绍了。下面简要介绍制动系统维修中三种最重要的试验设备。

第十三章 制动系统检修工艺和设备

一、空气压缩机综合试验台

空气压缩机综合试验台用于对空气压缩机总成的试验，包括空载和漏泄测试、空气压缩机功能测试、3h 压力测试和 3h 温升参数测试等。

空气压缩机总成包括电动机和连轴器。

空气压缩机综合试验台设备组成框图如图 13-3 所示。

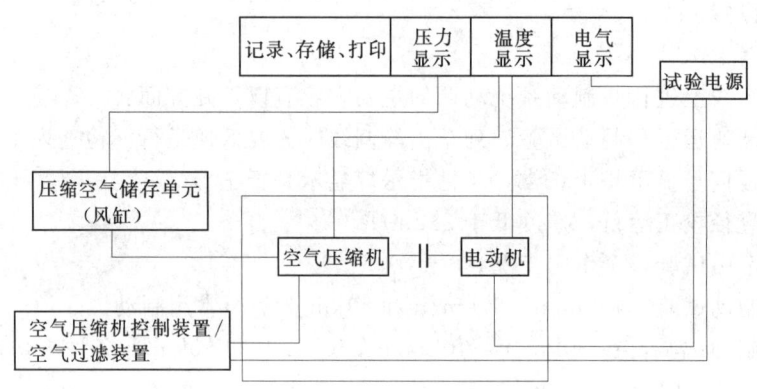

图 13-3 空气压缩机综合试验台设备组成框图

架修和大修时，空气压缩机是完全分解的。分解后的各个零部件经清洗、检查、修理和更换后再重新组装起来。空气压缩机组装后，要对需要润滑的各零部件用油脂润滑，并与电机重新连接后上空气压缩机综合试验台进行整机试验。

一般空气压缩机综合试验台是一个用钢铁型材焊接的架子，可以用螺栓或螺丝将空气压缩机和驱动电机一起固定在架子上。空气压缩机和驱动电机用连轴节连接。空气压缩机输入与压力控制装置/空气过滤装置以及空气压缩机输出与储风缸都采用软管连接。驱动电机和试验电源用电缆连接。温度传感器、压力控制装置与试验台用控制电线连接。

空气压缩机的功能和压力、温度参数应由空气压缩机制造商提供，用于选择压力传感器和温度传感器。驱动电机的输入电压如果是 1500V 直流，还需要增加一套直流高压开关装置。

试验一般进行 3 个小时左右，也可以按照制造商或用户的特别要求指定。试验时，空气压缩机上的测温点温度、储风缸压力受到空气压缩机控制装置的控制并且被显示和记录。由于空气压缩机和电机运转时的噪声很大，试验操作人员应在一个隔声的带玻璃观察窗的隔断室内工作。空气压缩机综合试验台试验的情况如图 13-1 所示。

二、单元制动机试验台

单元制动机试验台用于对单元制动机的常用制动缸和停车制动缸的动作测试、漏泄测试、制动杆机械力测试、自动间隙调整器测试和停车缓解装置测试等。

单元制动机试验台设备组成框图如 13-4 所示。

单元制动机试验台是一个用钢材焊接成的平台，一侧用于固定单元制动机，另一侧为测量装置。测量装置有一根导轨，导轨上有一个行程限制器，可顺着导轨前后移动或固定。行程限制器对着单元制动机一侧装有一个压力传感器，导轨上有标尺刻度，可读出行程限制器移动的距离。

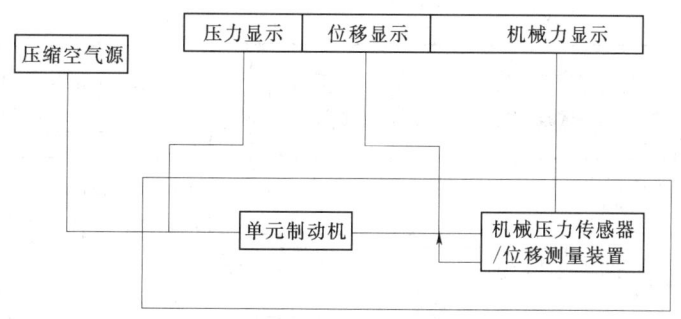

图 13-4　单元制动机试验台设备组成框图

试验时，首先将单元制动机拆去闸瓦托，只留下制动缸和制动杆。用螺栓或螺丝把制动缸固定在试验台上，用软管连接压缩空气源和制动缸，进气时可推动制动缸活塞使制动杆推伸。

将行程限制器固定在导轨某个位置，对制动缸充气，进行单元制动机的常用制动缸的动作测试。对制动缸保压一段时间并观察压力表数值，计算制动缸漏泄参数。

在制动缸充气时，制动杆顶住压力传感器，可以读出制动杆机械力的数值并进行记录。调整行程限制器的位置，观察制动杆机械力和制动杆延伸距离，可以测试制动缸活塞行程和自动间隙调整器是否符合要求。

对带有停车制动的单元制动机，也将单元制动机拆去闸瓦托，只留下制动缸和制动杆。试验过程与上述相同，只是增加停车制动缸的试验。对停车制动缸充气，进行停车制动缸的制动缓解动作测试。对停车制动缸保压一段时间并观察压力表数值，计算漏泄参数。排气后，施加停车制动，观察制动杆机械力，即弹簧制动力的大小。拔出停车制动销，观察缓解停车制动弹簧后制动杆的动作和距离。放回停车制动销，再次对停车制动缸充气和排气，观察恢复停车制动功能后的制动和缓解动作。

用于设计单元制动机试验台的单元制动机功能和压力参数，以及安装尺寸应由单元制动机制造商提供。为了试验时的安全，应在被试制动机风缸和测量装置上面加盖一个金属网罩，防止试件断裂飞出伤人。单元制动机试验台情况如图 13-2 所示。

三、气动单件及组合单元试验台

气动单件及组合单元试验台用于对空气干燥塔、制动电磁阀、缓解电磁阀、中继阀、紧急电磁阀和空重车调整阀等各种气动单件及组合单元的测试，包括功能测试、漏泄测试和电气测试等。

气动单件及组合单元试验台的设备组成框图如图 13-5 所示。

气动单件及组合单元试验台实际上是一个气源加显示的多路接口架（见图 13-6）。各种电磁阀或气阀可以在该试验台上找到适合的电源和气源，然后根据功能和压力、电气参数输入气流或电流，模拟该阀在制动系统中的各种状态，压力表则显示输出的气流压力数值。输入电源或气源可细调，输入输出参数可通过记录仪画出曲线。

气动单件及组合单元试验台不仅可以测试单个阀，也可以通过特殊接口测试组合气阀。

第十三章 制动系统检修工艺和设备

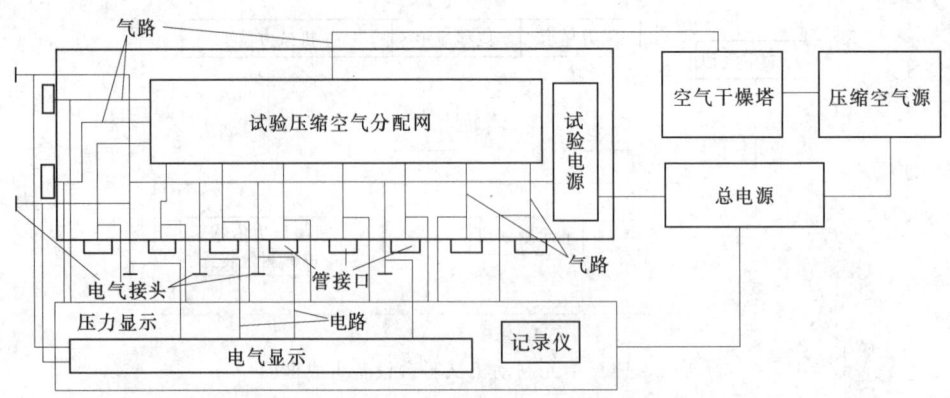

图 13-5 气动单件及组合单元试验台设备组成框图

图 13-6 气动单件及组合单元试验台外形

气动单件及组合单元试验台的总气源是经过过滤和干燥的压缩空气,通过分配网(气路和阀门)将特定的压力输送到接口。空气压力参数、电气参数以及各气动单件及组合单元的安装尺寸应由制造商提供,用于测试接口的连接和固定。

参 考 文 献

[1] 张振鹏. 列车制动计算. 北京：中国铁道出版社，1984.
[2] 夏寅荪. 机车车辆及城市轨道车辆电空制动机. 北京：中国铁道出版社，2000.
[3] 徐安. 城市轨道交通电力牵引. 北京：中国铁道出版社，2000.
[4] 张振淼. 城市轨道交通车辆. 北京：中国铁道出版社，2005.
[5] 殳企平. 城市轨道交通车辆制动技术. 上海工程技术大学，2005.
[6] 王德生，詹斐生. 轮轨黏着机制和黏着控制. 铁科院科技情报所，1990.
[7] 日本高黏着、高减速度制动系统的控制. 初朋玲译. 国外铁道车辆，1997，(2).
[8] 上海地铁一号线车辆技术资料. 1992.
[9] 上海地铁二号线车辆技术资料. 1999.
[10] Alstom. Maintenance Manual. Pneumatic System and Air Distribution，2003.
[11] Knorr-Bremse Rail Systems (UK) Ltd. Shanghai Pearl Line Brack System Description，2003.
[12] Knorr-Bremse Rail Systems (UK) Ltd. Distributed Brake Control Type：EP2002 Publication No：Z2044，06/2005 Rev. 1.
[13] 马喜成，龙倩倩. 地铁车辆用 EP2002 制动控制系统. 机车电传动，2007，(4).
[14] 上海地铁一号线梅陇车辆段设备技术资料. 1994.
[15] 殳企平. 城市轨道交通车辆维修工艺及设备. 北京：中国水利水电出版社，2007.